スライスが
出なくなる
方法があります。
「胸でボールを
見ながら
打つ」
打ち急ぎがなくなって
気持ちいい弾道が手に入ります!!

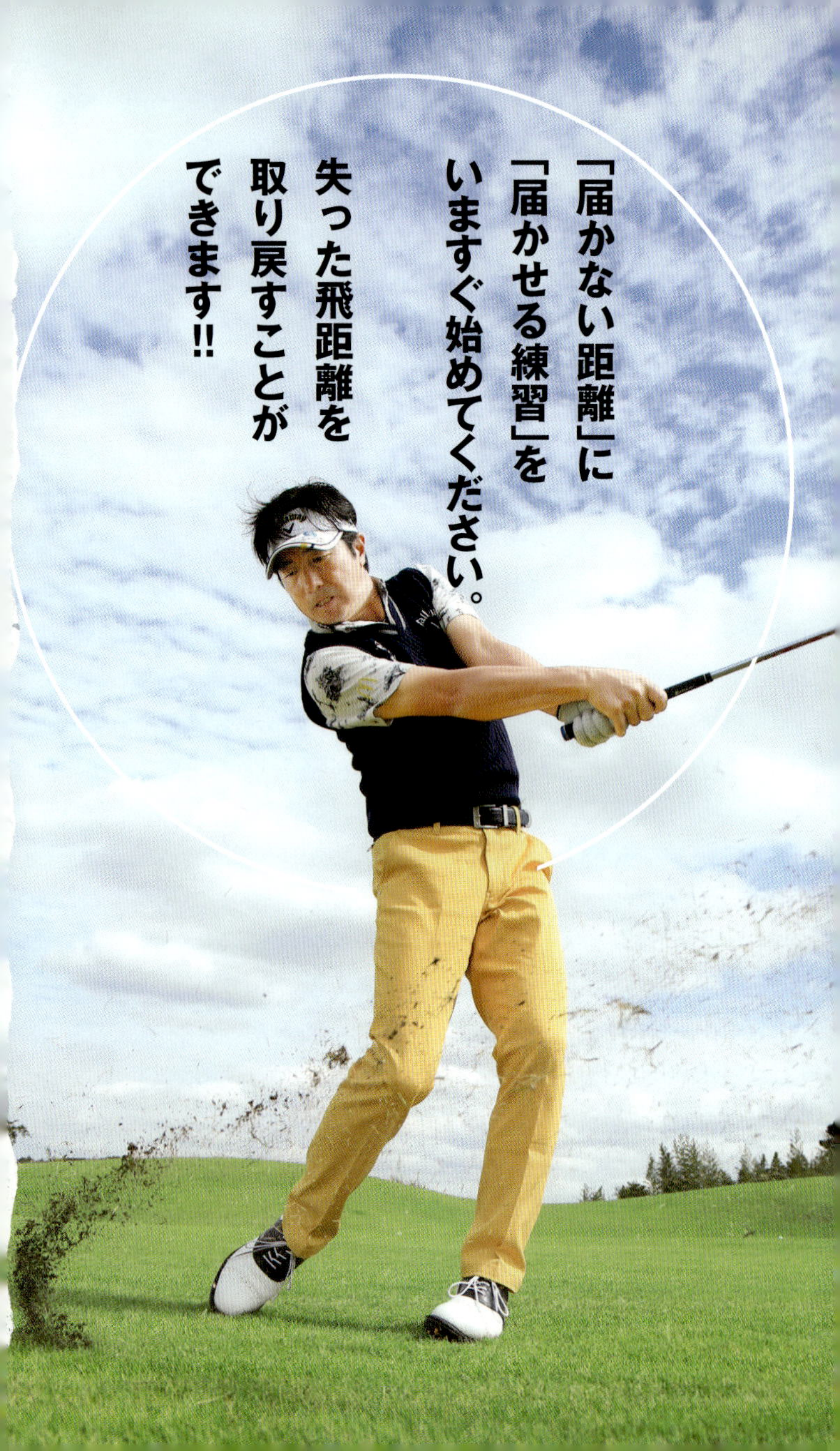
「届かない距離」に
「届かせる練習」を
いますぐ始めてください。
失った飛距離を
取り戻すことが
できます!!

40歳から劇的にスコアを伸ばす

ゴルフの組み立て方

深堀圭一郎

GOLF スピード上達シリーズ

KKベストセラーズ

はじめに

みなさん、こんにちは。プロゴルファーの深堀圭一郎《ふかぼりけいいちろう》です。

１９９２年のプロ転向以来、日本ツアーのシード権を獲得し、ツアー初優勝を挙げ、「日本オープン」で勝ち、ＪＧＴＯ（日本ゴルフツアー機構）の選手会長を務め、ケガに悩まされるなど、今日までいろんな経験をしてきました。

自分なりに苦しい時期もありましたが、この間、ゴルフを通じてたくさんの方々と出会い、トーナメントでは足を運んでいただいたファンの方に僕のプレーを見ていただいている。自分としては有意義なプロ生活を送れていると感じます。

そうこうしているうちに早25年の歳月がたち、気がつけばシニア入りが目前に迫っています。プロになった頃の20代と40代のいまとでは、同じ人間とは思えないくらいの変化が生じています。できたはずのことができなくなったり、飛距離が落ちたり……。

もちろん、歳を重ねることでしか得られないものもたくさんありますが、アスリートとしては失うもののほうが圧倒的に多い、というのが率直な感想です。

昔といまで、なにが一番変わってきたかといえば、スイングのなめらかさと体の柔軟さでしょうか。思っているより振り幅が小さくなっていたり、インパクトがイメージと違ってきている。スイングのスピードも落ちています。

20代から50代になる間に筋力は10%落ちるそうです。さらに、80代になると筋量が30%も減るといいます。これは大きな筋肉がある下半身の強さに顕著にあらわれます。特にスピードにかかわる速筋が一番落ちるので振る力が出せなくなるのです。ほかにも、イメージより早くクラブが下りてきたり、アプローチやパットの感覚がつかみづらいなど、いろんなことが起こると思います。

しかし、これは僕だけのことではありません。人間である以上、誰もが通らなければならない道。変化に遭遇するたびに立ち止まり、「昔はこうだったのにおかしい」と首をかしげているだけでは衰えていく一方です。失うことは仕方ないとして、少なくとも下降線はゆるやかにしなければなりません。

さいわい、ゴルフにはその方法がいくつもあります。

たとえば、飛距離を求めすぎないでショットコントロールの安定化を図る。無理にダウンブローに打とうとせず、スイープに振り切るだけにする。弾道をいじっていたけれど、グリーンの真ん中にポーンと打っていくような攻め方に変える、といった具合です。

さらに、アマチュアの方の多く、とりわけこの本を手にしていただいている方は、ゴルフはグリーンから組み立てていくほうがスコアがまとまることをご存じだと思います。でも、体が動けば飛ばしたい思いが強くなります。それでついついショートゲームの練習がおろそかになる。心当たりのある方も多いのではないでしょうか。

そんな方は、この機にショートゲームの練習に励むのも手です。アプローチ、パターがうまくいき出すと、必ずショットがよくなってきますから、スコアがよくなっていくことも十分に考えられます。

また、失いつつあるものを取り戻すことも不可能ではありません。落ちてきたスイングスピードは、クラブのシャフトを替えるだけで補える可能性がありますし、ショートウッドやユーティリティクラブを積極的に取り入れることで、長い距離のショットでも楽に打つことができます。もちろん、いまのスイングに見合ったクラブに替えるだけでも、トータル的な底上げができるでしょう。

つまり、これまで取り組んできた方法から「ゴルフの組み立て方」をちょっと変えてみるのです。

ただし、こういったものを取り入れて新たな一歩を踏み出すには、まず自分の変化に気づかなければなりません。ゴルフをはじめた頃といまの自分の違いを分析してみること。分析が細かければ細いほど、適切な対策を講じることができます。

この本では、僕と同世代である40～50代のアマチュアゴルファーの方々が、あらたなゴルフライフに向けて組み立てを変えるための方向性を示しています。

方向性は大きく分けてふたつ。テクニックから入っていくか、クラブから入っていくかです。そのため本編では、クラブ別に章を立て、それぞれのテクニックやクラブ選びについて紹介しています。

その中には、これからのゴルフにとってプラスになることが必ずあると思います。僕のアドバイスが、みなさんの新しいゴルフライフの組み立てに少しでも役立てば幸いです。

深堀圭一郎

40歳から劇的にスコアを伸ばす ゴルフの組み立て方

Contents

第2章

〔40歳からの技!〕スコアを組み立てるアイアンのコツ

第3章

〈40歳からの飛距離UP!〉飛ばなくなった人に役立つドライバーの組み立て

第4章

〔40歳からの武器!〕 FW&UTの上手な組み立て方

第5章

〔40歳からの楽しみ!〕スコアメイクの鍵を握るウエッジの組み立て

第6章

〔40歳からの生命線!〕2パットが普通になるパターの組み立て

序章

あなたのゴルフを
組み立て直す前に
知っておいてほしいこと

Prologue

Prologue 01

スイングの最優先事項はぎこちなさをなくすこと

ゴルフをするにあたって、僕はいつも3つのことを考えています。**「正しく構えること」「力が出やすいグリップでクラブを握ること」「違和感なくスイングすること」**です。

ぎこちなさを感じることなく、最後までスムーズにクラブを振り切るにはどうすればいいかを考えているわけで、これは僕のスイングの基本です。

もちろん、いいスイングをするには軸が必要で、軸を保つ意識が欠かせません。ですが、歳をとるにつれて関節や筋肉はどんどん硬くなります。これは50歳を目前に控えた僕も実感していることですが、柔軟性が失われていく中で軸のことばかり意識すると、動きが小さく、ぎこちなくなって体の回転スピードが上がりません。

ですから、ぎこちなさをなくすことが最優先。そのうえで軸ができればいいと考えているので、はじめに挙げた3つの要素がとても大切なのです。

アマチュアの方の中にも、軸のことばかり意識してスイングが堅苦しく、小さくなっている方がたくさんいます。しかも僕と同世代のゴルファーだけでなく、若いゴルファーにも多いのが現状。伸び悩んでいるゴルファーのほとんどがこうなっているといっても過言ではありません。

届かない距離に届かせる練習をする

「正しく構えること」と「力が出やすいグリップでクラブを握ること」の2点を習得するにはある程度コツが必要で、これについては本編の第1章で詳しく説明しますが、3つめの「違和感なくスイングする」ために必要な条件は、ゴルファーによって大きく変わります。第2章ではスイングの基本について説明し、以降の章ではクラブ別のポイントも指摘していきます。しかし、それをやったとしても、すべてのゴルファーのスイングがひとつの形に集約されるわけではありません。

その理由はこうです。たとえば、「関節の可動域はどれくらいか?」「筋肉の量はどれくらいか?」「どれだけ練習を積んできたか?」「打つ前のウォームアップができているか?」といったように、スイングがパーソナルな要素に左右されるからです。

僕が個別にみなさんのゴルフ歴をうかがい、スイングを見られたら「違和感なくスイングする」ために的確なアドバイスを送れるかもしれませんが、残念ながらそうはいきません。ただ、年齢やレベルを問わず、すべての方にやっていただきたい、とても効果的な方法があるので、はじめにお伝えしておこうと思います。

それは、**あえて距離的に届かないアイアンを使い、届かない距離に届かせる練習をすること**です。たとえば8番アイアンの通常の飛距離が140ヤードなら、150ヤード届かせるように打つわけです。

これは僕が小さい頃に父親にいわれてずっとやってきた方法ですが、これをやっていると、だんだん距離が届くようになります。もちろん40〜50代の方にとっては簡単ではないし、届かない方のほうが多いかもしれません。でも、たとえ届かなくても、体が動いて、のびのびとした大きなスイングができるようになる。そもそもの目的はこれで、これが違和感なく振り抜くことにつながるので問題はありません。

また、あえて自分よりも飛ぶ人と一緒にラウンドするのもいいでしょう。ただし、飛ばし合戦になるとスイングがおかしくなりますから、「今日は勉強の日だ」と割り切ること。

要は年齢に関係なく、スイングに必要な最低限の基本を押さえ、どのように動けば振りやすいかを考えること。これは新しいゴルフを組み立てる上でも欠かせません。

「正しく構えること」

「力が出やすいグリップでクラブを握ること」

「違和感なく振ること」

が僕のスイングの基本。

スイングが小さくならないようにしましょう！

Prologue 02

連続して振るだけで自分のスイングの原型が見えてくる

長年ゴルフをやっていても、自分のスイングを正確につかんでいる方はほとんどいません。アマチュアの方の場合、いろんな要素に影響されてスイングが変わるので仕方ありませんが、それでも自分のスイングの傾向くらいは知っておかなければいけません。

ですから練習では、いまの自分のスイングを理解しましょう。コースではボールを見る、ターゲットを見る、風を感じるなど、やるべきことがたくさんありすぎて自分のスイングができなくなりますが、ある程度理解できていればパニックにはなりません。

自分を把握するために、僕は映像化した自分のスイングを頭の中に焼き付けています。うまくスイングできているときにスマホで動画を撮影し、普段から繰り返し見ておく。「おかしいな」と思ったら動画を頭の中で再生したり、映像を流しながら打ちます。

こうするとスイングに集中できます。コースで難しい状況からショットするときも、いやなイメージが消えてスイングに集中できるので、悔いのないショットが打てます。自然にスイングできるという意味でも効果絶大です。

動画を見ながら練習することもあります。その場合、形よりもリズムを重視し、「自分はこういうリズムなんだ」と確認、素振りをしてから打つ。この反復練習が実戦で生きます。もちろん通勤電車や移動の車中で動画を見てもいい。ハンドルを握っているなら映像を頭の中で繰り返し再生するだけでも十分効果が見込めます。

練習では「体を動かす」ことも重要です。当たり前のことのように聞こえますが、40〜50代になるとこれができません。狭いフェースにボールを当てる難しさも、当たらない怖さも知っていますから、体を使わずボールに当てに行ってしまう。曲がったり、飛ばないおもな原因はここにあります。

体を動かすには「連続打ち」をするのが一番です。文字通り、次から次へとボールを打っていく。連続素振りでも構いません。50〜60％の力加減でも休まず振り続けると、自分にとっての動きやすさがわかります。

たとえば僕の場合、下半身を止めずに足をしっかり動かすことがポイント。それが特徴のひとつといわれるニーアクションにつながっています。連続して振るだけで、自分のスイングの原型が見えてくるのです。メカニカルな方向からスイングを構築する最近の流れには逆行しますが、スイング作りはもちろん再建にも最適です。

Prologue 03

パーツは見ない。スイングは一連の動きの中で調整する

スイングのスタートのしかたは人それぞれ。アドレスをビシッときれいに決め、いったん静止してから動く方もいますが、僕は逆で、アドレスからずっと動いていたいタイプ。そのため必ずワッグルしてからスイングを始動します。

足も動かしています。アドレスしたらスタートしやすいように足踏みするように動く。そう見えなくても、自分的には結構動いています。「静」からいきなり「動」に移るのではなく、流れの中でスイングをはじめたいのです。

その結果、他のプロに比べるとダウンスイングでヒザを左に送っていくスイングになりますが、僕は「ヒザが止まったら自分のスイングは終わり」くらいに考えているのでやめようと思ったことはありません。ダウンスイングでは右カカトも少し上がりますが、これもなくならないように気をつけています。

スイングでは気をつけなければならないパーツがいくつもあります。そんなパーツを逐一改善していく手もありますが、「ひとつができたら別のことができなくなった」の繰り

返しになります。あるパーツを直すためにそこで止まる、あるいは意識をする。僕にいわせれば、これは固まることとほぼ同じなので、動けなくなって当然。これではいつまでたっても納得のいくスイングにはならないと思います。

というわけで、**パッとアドレスしたらフィニッシュまで一連の流れでやりきるのが僕の流儀**。これを反復することで、インパクトで詰まったり、固まらないようにしていきます。もちろん、僕がプロになった20代のときと50歳を前にした現在の動きは変わっています。でも、動きの中でスイングを調整するという考えは、この先ずっと変わらないと思います。

社会に出て仕事についたのち、ある程度の年齢からゴルフをはじめた人のほとんどは、上半身をメインにスイングする率が高いようです。また、ショットがうまくいかない方の多くは、スイング軌道がアウトサイド・インでフェースが開きます。多くの方がスライスで悩み、距離が伸びないのはこのためですが、直そうとするとどうしてもスイングのパーツに目がいきます。

これを組み立て直し、正しい道筋にリルートする方法はただひとつ。下半身から動かして柔らかく、しなやかに振ること。シャフトがグニャグニャのクラブやホースを振る、あるいはグリップを軽めに握ってスイングすることで、できるようになります。

Prologue 04

得意なクラブを1本作るとスコアアップできる

ゴルフでは**得意なクラブが1本あるとスコアが安定します。**

たとえば得意なユーティリティが1本あったら、ドライバーでティショットを打ち、2打目でユーティリティを使う。長いパー4で2オンできなくてもアプローチで乗せれば2パットでボギー。このペースでいければハーフ45ですから80台が見えます。

ユーティリティでティショットを打ってもいい。ドライバーを持たないと逃げている、という感覚がアマチュアの方の中には根強くありますが、プロから見ればナンセンス。ティショットで距離と方向をコントロールし、あえて2打目で勝負する。この組み立ては、計算された攻めだということを理解するべきです。

もちろん、口でいうほど簡単ではないでしょう。でも、このようなゴルフを軸に目標スコアを設定し、安定してきたら次の組み立てに移るほうがスコアアップできます。

読者の方の多くは、スキルを上げようと一生懸命練習してきたと思います。でも、思い描いたようなスコアが出ているでしょうか？　出たとしても、それを維持できています

３番ウッドは僕の得意クラブ。
子どもの頃はドライバーでは球が上がらなかったので、
３番ウッドでキャリーを出す練習をした。
それ以来、ずっと得意です

か？　歳をとると、苦労して培ったこともできなくなる可能性があります。そうなったらプラスマイナスゼロ、マイナスになるかもしれません。それならば、得意なクラブやスキルを磨くほうが楽。ダボはあってもたやすく50を打たないゴルフができます。

そこでまず、**自分の得意なクラブがどれかを考えてみましょう。**そして、そのクラブを使って練習やスイングを組み直していくのです。ちなみに僕は6番アイアンでした。小さい頃から6番のロフトやら、構えて見たときの顔つきが好きで、ひたすら6番を打っていました。ついでにいうとウッドは3番。ドライバーでは球が上がらず飛距離が出なかったため、あえて3番ウッドでキャリーを出す練習をし、それがある程度できるようになってからドライバーを打つようにしました。いまでも3番ウッドは得意です。

もし10～20年にわたって同じクラブを使い続けているなら、ここで一度、クラブ診断をするのもいいでしょう。体力や変わってきたスイングに合ったクラブを使わないと、スイング自体がおかしくなって、それこそ泥沼にはまるので、ここでドライバーからウエッジまで、クラブの流れを統一しておくことをおすすめします。すでに得意なクラブがあれば、それを基準にすればいい。打てるのは、そこにあなたのスイングのエッセンスがあるということ。力が抜け、自然に振れる何かがあるということですから。

第１章

〔40歳からの基本！〕

グリップ＆アドレスの組み立て方

Grip
・
Address

Grip 01

右手は「飛距離」、左手は「方向性」。右手偏重にならないのがいいグリップ

右手は飛距離、左手は方向性

ショットでは左右の手がそれぞれの役割を担っています。右手は飛距離、左手は方向性です。前者はエンジン、後者は舵といってもいいでしょう。

とはいえ、両手で握ってクラブを操る以上、両手の一体感は欠かせません。ここでいう一体感とはグリップしたときだけでなく、スイングするときも含みますが、どちらが重要かといえばスイング中。握ったときには左右均等の力加減でも、スイングをするとバランスが変わる。大抵は利き手の右手が強くなります。

もちろんスイングでは力のはいるポイントがあります。少なくともインパクトで力がはいらないとクラブが抜けてしまいますから。でも、力を入れるのはそこだけでいい。「力を入れる」というよりも、「力がはいる」といったほうが適切です。

いずれにしても、右手が強くなると方向性が悪くなります。ダウンスイングで力がはいってクラブが早く落ちてくるのは、右手のせいといってもいいでしょう。

Point
右手に力がはいると方向性が
悪くなります。スイング中も
左右均等の力加減で握り続け
られるグリップが理想です

Grip 02

関節をやわらかく使える強さでグリップする

アドレスで肩から腕にかけて力がはいっているアマチュアの方をよく見かけます。その原因の多くはグリップを強く握りしめていることです。

僕もグリップを強めに握るほうなので、それ自体悪いこととは思いません。問題は肩や腕にまで力がはいってしまうこと。ここに力がはいるとスムーズに動けないからです。

簡単にいうと、**クラブと接触している手だけにある程度力がはいって、肩や腕からは力が抜けているのが理想。**でも、言うは易く行うは難し。いうほど簡単ではないので、目のつけどころを変えましょう。

手や腕を考えると、どうしたいのかわからなくなってしまう方は、関節を意識してください。ここではおもに手首の関節。クラブを握った状態で、手首の関節を使ってクラブをあらゆる方向に動かせるかがポイントです。腕や肩にまで力がはいった状態では手首はクルクル回りませんが、手だけに力がはいっているぶんには関節をやわらかく使えます。この力加減でグリップできればＯＫ。握りしめない適切なプレッシャーになります。

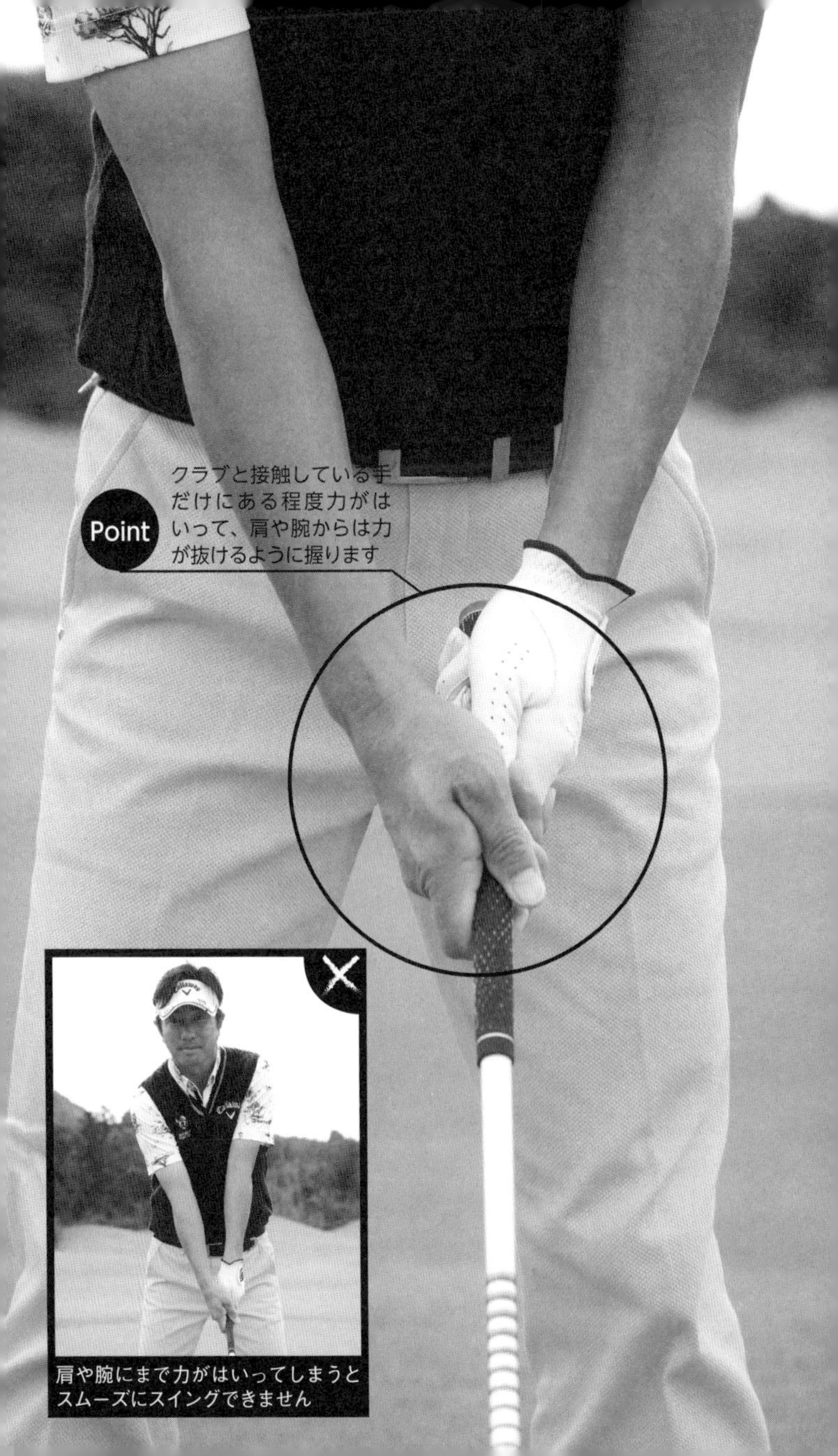
Point
クラブと接触している手だけにある程度力がはいって、肩や腕からは力が抜けるように握ります
×

肩や腕にまで力がはいってしまうとスムーズにスイングできません

Grip 03

クラブを下から支え、腕の裏側の筋肉を使って握る

関節をやわらかく使えるようにグリップするには、クラブを上から握らないことが大事です。みなさんの中には、クラブに対して手を上からかぶせるようにグリップしている方がいるかもしれません。たとえば、最初に親指の下にあるふくらんだ部分をグリップにつけ、上から両手を乗せるようにして握る、というやり方です。

この握り方だとクラブを上から押さえつける形になるため、グリップしたときに腕の前側（構えたときに自分から見える部分の筋肉）に力がはいって固くなります。これが腕に力がはいった状態で、スムーズな動きを妨げます。

これを防ぐには、**腕の裏側の筋肉を使うことが大事。グリップするときに手を上からかぶせず、親指以外の指で下から支えてから握るとこのようにできます。**この握り方だと、下からクラブを包み込むように持てるので、手自体にも余計な力がはいりづらくなります。結果的に腕の前側の筋肉から力が抜けて腕の裏側の筋肉に力がはいる。手首の関節をやわらかく使えるグリップになります。

関節をやわらかく使えるかどうかがポイントです

腕の裏側の筋肉を使えるように握る。グリップするときに親指以外の指で下から支えてから握るとこのようになります

Point

Grip 04

右手の「親指」と「人さし指」には力を入れない

プロのグリップの写真を見ると、親指を上から押し付けているように見えるかもしれませんが、そのようにしている人はいません。

前項でお話ししたように、上から押さえると腕の前側の筋肉が固まって動きづらくなるから。また、親指を反らせることもありません。やってみるとわかりますが、これだと手首の関節が固まってしまいます。そのため親指、特に上に乗る形になる右手の親指に関しては、グリップ部分にそっとあてているだけです。

右手の人さし指についても同様のことがいえます。親指と人さし指でクラブをぎゅっと挟んでいるように見えてもそれはまったく逆で、ほとんどあてているだけです。

グリップでは両手の一体感が欠かせませんが、誰しも使いやすい利き手の使用が過剰になる傾向があります。こうなると必ずミスが出ます。ということで、**左右両手をバランスよく使うためにも右手の親指と人さし指には力を入れないことが大切。**この2本の指をクラブから放したままで打てるくらいのバランスで丁度いいと思います。

Point

右手で使うのは中指、薬指の２本と考える。親指と人さし指はグリップにあてているだけです

Grip 05

スイングの理想は左手リード

グリップに注目した場合、利き手である右手を使いすぎる傾向があることはすでにお話ししました。これを防ぐ意味でも、左手リードでスイングすることを前提にグリップしたほうがいいでしょう。

もちろん両手の一体感は欠かせませんが、器用な右手でリードすると力加減だけでなく、方向性にも影響します。インパクトからフォローでヘッドを右に押し出したり、インサイドに引っ張り込む動きは大抵が右手の仕業。その点、**右手に比べて器用さに欠ける左手にリードさせれば、単純に一定の方向に動きやすいので方向性が安定します。**

動きの中だけではありません。そもそも左手は方向性をつかさどる、いわば舵のような存在。**左手リードと考えることで、アドレス時に目標を向いて構えやすくなります。**

目標方向を向いているかチェックする場合、肩のラインの向きが重要になりますが、その際、目標と同じ方向にある左肩の向きを見るのが一番。慣れは必要ですが、左手リード＝左サイドを重視することにつながってスムーズに振りやすくなります。

フォローでクラブがインにはいりすぎるのは右手を使いすぎるから

Point

左手リードでスイングする前提でグリップ。左手にリードさせると単純に一定の方向に動きやすいため方向性が安定します

Grip 06

右手を使いすぎるならインターロッキング・グリップ

長年ゴルフをやっている方は無意識のうちにクラブを握れていると思います。そのグリップで違和感がなければ、あえて握り方を変える必要はありませんが、両手に一体感が出やすいのは、オーバーラッピング・グリップかインターロッキング・グリップ。方向性が定まらない方には、左手の人さし指と右手の小指を絡めて握る後者が向いています。

というのも、インターロッキングは右手の使いすぎを抑えられるから。グリップだけに注目した場合、右手は飛距離、左手は方向性を演出しますが、誰しも利き手を使いやすい。使うのはいいのですが、右手に左手が負けてはダメ。それには左手を強くするか、右手の使い方を控えるしかありません。究極的には左手を使えるようにしたほうがいいですが、普段から左手を使うように心がけるなど、ある程度のトレーニングが必要で時間がかかります。それなら右手の使用を抑えたほうが早い。**ショットの方向性に問題がある方、特に〝ここぞ〟という場面でヒッカケやスライスが出やすい方は、右手の使用を減らす意識をもつ、あるいはインターロッキング・グリップで握るのも手です。**

Point

インターロッキングは右手の使いすぎを抑えやすい。僕はオーバーラッピングですが、意識しても右手を使いすぎる人はインターロッキングで握るのも一つの手段です

Grip
07

片手打ちで〝ワキのしまり〟を身につける

左右の手がそれぞれの役割をしっかり務めているのが理想的なグリップ。これを確かめるには、**片手でクラブを振る、あるいはボールを打ってみることです。**

振り幅は小さくて構いません。利き手が右手なら、右手1本でクラブを持って打つのはそれほど難しくないはずです。はじめは当たらなくても、徐々にコツがつかめて当たるようになるでしょう。

逆に左手1本で打つのは難しい。右手は器用で力加減をコントロールできますが、利き手と逆の左手は使いづらい。怖いのでギュッと握ってしまうため、手首の関節がうまく動かなくなるのです。まずは手首が動くように柔らかく握りましょう。

さらに手だけで打たないこと。これは右手にもいえることで、右手は振り幅が小さければ打てますが、大きいと打てません。でも、左手は振り幅に関係なく打ちづらい。うまく打つにはワキをしめて腕と体を一緒に動かすこと。スイングではワキをしめることが大事なのですが、グリップを意識して片手打ちをすることで、これが自然と身につきます。

Point
片手で振る場合、ワキをしめないとスイングになりません。右手なら右ワキ、左手なら左ワキを締めて体と一緒に動かしましょう

Grip 08

右手の「親指」と「人さし指」を外して打てればOK

ここまでグリップについて大切なことをお話ししてきましたが、最後に手首の関節を固めず、なおかつ腕の裏の筋肉を使えているか確認する方法をお教えしておきます。

やり方は簡単です。**グリップしたのち、右手の親指と人さし指をはなし、そのままボールを打ってみる。問題なく打てればバランスのいいグリップです。**はなした2本の指を戻さないと打てなかったり、インパクトでボールに当たり負けしてフェースの向きが変わってしまうようなら問題ありです。

とはいえ、おもな原因は力の入れすぎ。手にまんべんなく力がはいっているため、手首が自然にターンできなくなっています。ヘッドの重いクラブを使って効果的にヘッドスピードを上げるには、支点が小さいほうがいい。もちろん、この場合の支点はグリップ。右手の親指と人さし指をはなすと、そのぶん支点が小さくなります。また、右手で上からクラブを押さえないので右ヒジから先の前腕が回りやすい。打てないということは、この状態を作れていないということ。この確認法はドリルとしてやってもいいと思います。

Point
右手の親指と人さし指をはなしてボールを打つ。小さなスイングでもOK。普通に打てればバランスのいいグリップです

右手の親指と人さし指をはなすとスイングの支点が小さくなってヘッドが走りやすくなります

Address 01

足元に置いたクラブと平行に立つことをひたすら続ける

ゴルフではショット、アプローチ、パットの順に注目度が高いと思います。みなさんも、この順に練習量が多いことでしょう。個々のレベルや練習のしかたが違うので、それはそれでいいのですが、**一番大事なのはアドレス**だということを肝に銘じてください。

テクニックを磨き、満足のいく一打が打てるようになっても、アドレスが悪いとすべて台無しになります。「完璧に打てたのにアドレスで右を向いていた」くらいならまだしも、右を向いていたことに気づかないとスイングをいじり始めます。こうなるとせっかく磨いた技術も雲散霧消。間違ったアドレスは、あなたのゴルフをダメにするのです。

それを一番わかっているのがツアープロです。練習場と違い、コースには目標に真っすぐ向くための指標がありません。そんなフィールドで毎週のようにプレーしていると、自分のアドレス、特に向いている方向が本当に正しいのかわからなくなります。そのため練習では必ず足元にクラブやスティックを置き、それに合わせてアドレスしています。みなさんも練習では必ずやってください。これだけでアドレスがよくなります。

Point
練習では必ず足元にクラブやスティックを置き、その向きに合わせてアドレスしています。これをやるだけでアドレスがよくなります

Address 02

重心ポイントをつかむのがアドレスのコツ

アドレスを見るとゴルフの腕前がわかります。「いいアドレスをしているな」と感じた方はほぼうまい。「ここ」という絶対的な共通ポイントはないのですが、全体的にバランスがよくて大きく構えられている。もちろんガチガチに固まってもいません。

僕自身のアドレスも考慮してお話しすると、**まず自分の重心をつかむことが大事**だと思います。重心の定義は難しいので省きますが、人間の体でいうと、おへソのちょっと下の骨盤に囲まれた部分にあるといわれています。

実際、その部分を意識しながら構えるとバランスよく立てます。バランスよくとは、前後左右どちらのサイドにも筋肉のパワーバランスが偏っていない状態。

前後でいうなら、体重がツマ先寄りでもカカト寄りでもない。土踏まずの真下あたりで体重を受け止めている。たとえば深呼吸で、重心部分を意識しつつ息をゆっくり吐くとこの感じがわかると思います。体の前傾角度やヒザのゆるみ具合は人それぞれですが、最低限、重心をここに置くことが、いいアドレスを組み立てる条件になると思います。

カカト体重
Point
まずカカトに体重をかけツマ先を上げます

ツマ先体重
Point
次にツマ先側に体重をかけてカカトを上げます

Point
最後に両足をピタッとつけると前後の重心が整います

Address 03

構えたらスクワットをして左右のバランスを整える

正しくアドレスするには左右のバランスも大切です。

何十年も生きてくれれば、生活習慣などによって重心のバランスは変わってきます。わかりやすくいえば、右足、左足、どちらかに体重が偏《かたよ》るクセがあるということ。40～50代ともなると、左右均等の体重配分で立てる人はまずいません。

当然、アドレスにもこの影響が出て、左右どちらかに体重を乗せて立ちやすい。本人が意識していなくても勝手にこうなってしまいます。

これを組み立て直して**左右のバランスを整えるには、アドレスの足幅で真っすぐ立ち、足裏全体を地面に着けたまま、目線を真っすぐ正面に向けてゆっくり腰を落とすスクワットをしてみましょう。**足がツラい方はできる範囲でOKです。左右どちらかに極端に体重がかかっていると、お尻が真下に下りず体が左右どちらかにゆがむ。鏡の前でやると明確にわかります。そんな方がなにも考えずにアドレスすると、体重が偏ったアドレスになります。ちょくちょくスクワットするだけで、これを解消できます。

左右どちらかに極端に体重がかかっていると体が左右どちらかにゆがんでしまいます

Point

左右の重心を整えるには、アドレスの足幅で真っすぐ立ち、目線を正面に向けて腰を真下に落としてスクワットをします

Address 04

真上にジャンプ！着地した体勢が下半身の理想形

アドレスでは重心の位置や体重のかかり方、前傾角度など、たくさんのチェックポイントがあります。練習では自分のアドレスを写真に撮ったり、姿見に映して確認できますが、コースに出たらそういうわけにはいきません。

そこでオススメしたいのが、**真上にジャンプする方法**。スタンス幅を決めたら、ポンと軽く真上にジャンプしてみてください。高く跳ぶ必要はありません。大事なのは着地したときの体勢。実はこれが理想的な下半身の形に近いのです。

着地したとき、ヒザをピンと突っ張っている方はいません。着地の衝撃を逃さなければいけませんから、体も伸びきらず適度に前傾しています。さらに重心が骨盤の中に収まっている。普通に着地しただけで、動きやすい体勢ができているのです。

僕はアドレスで足をパタパタさせますが、それはこの体勢を作りたいから。「ジャンプするのはちょっと恥ずかしい……」という方は、僕のように足を動かすだけでも安定感が違ってくると思います。

Point スタンス幅をとってポンと軽く真上にジャンプします

Point 着地したときの体勢が理想的なアドレスに近くなります

Address 05

ドライバーのアドレスは重心がやや右に寄る

いうまでもなく、ドライバーはショットを打つ中でもっとも長いクラブ。飛ばすことを目的に作られていますから、その機能を活かす組み立てが必要です。そう考えると、すべてのクラブの中でもっとも個性的なアドレスになります。

結論からいえば、**重心を右に寄せて構えます**。といってもわかりづらいかもしれないので、**ティアップしたボールの右サイドを見ながら構える、**と考えてください。

僕の場合、ドライバーのボール位置は左ワキの下の延長線上。多くの方は、左カカト延長線上だと思います。いずれにしても、ボールは体の中心よりずっと左にあります。そのボールの右サイドを見れば、重心は自然と右に移動します。

逆に体がハッキリ傾いたら右に寄せすぎ。重心ではなく、体重が右に乗ってしまっています。意図的に右足体重にし、体を右に傾けてアドレスする方もいますが、これだと体重を左に戻してくるのが大変なので、重心をちょっとだけ右に動かしておく程度でいい。少なくとも、そこをスタート地点にアジャストするべきだと思います。

適度にヒザを曲げ、下半身が動きやすいようにしておきましょう

ドライバーでは重心を右に寄せてアドレスします。ティアップしたボールの右サイドを見ながら構える感じです

Point

Address 06

アイアンのベースアドレスは「肩幅スタンスでボールは真ん中」

アイアンは番手によってボールの位置が変わります。番手が替わっても左カカト延長線上という方もいらっしゃいますが、短い番手になるほどスタンス幅が狭まるので、実質的にボール位置は右寄りになると考えていいでしょう。

アイアンの場合、スタンス幅は肩幅とほぼ同じ、ボールの位置は左右センター、というのが僕のベースポジション。重心も真ん中にあるので、体の真ん中のラインを中心に、左右がシンメトリックになる感じだと思います。

この構えを基準にボールの位置とスタンス幅を微妙に変えますが、明らかに変わるのは番手が長くなったときだけ。たとえば僕は8番アイアンでボールの位置が真ん中ですが、それより短い番手だからといって右に寄ることはない。もちろんインテンショナルに低い球を打つといったケースはその限りではありませんが、基本的に真ん中よりも右寄りにはしません。逆に極端に左に寄せることもない。ボール位置が左すぎると、手で打ちにいくリスクが高まるからです。

クラブが短く、ボールに近づく
アイアンはアドレスがコンパクト

スタンス幅はほぼ肩幅、ボールの位置は左右センターが僕のアイアンのベースとなるアドレスです。体の真ん中のラインを中心に、左右対称のイメージです

Point

Address 07

主役は自分。ボールに合わせてアドレスしない

ハンディの多いアマチュアの方がアドレスにはいるのを見ていると、気づくことがあります。それはボールに対して構えにいくこと。「でもボールに対して構えなければ、なんに対して構えるの？」とツッコまれそうですね。

確かに難しいところなのですが、アマチュアの方はボールがあると、ボールに対して意識をもっていきます。ボールの上から「打つぞ！」という感じで組み立て始める。すると頭や手先といった部分でヘッドを合わせることになります。そこから胴体や足を合わせるからおかしくなる。上半身と下半身がねじれるし、時間がたつと疲れて猫背になります。

そうではなく、**先に足元や体重配分、そして胴体の位置を合わせ、最後に頭や手を合わせたほうがいい。さらに、意識はボールではなくターゲットにもっていくべきです。**

多くの方はボールがないと正しく構えられます。ボールがないとできて、あるとできないのは、組み立てる前にボールに意識がいくからです。すると本来は後ろにある軸が前にきてスイングすることになる。これではスムーズに振れません。

Point アドレスの際、先に手や頭をボールに合わせると肩が前に出たり、腰が引けやすい。体重配分や体の位置を整えてから頭や手を合わせ、意識をターゲットにもっていきましょう

K's Column 01

グリップする前に頭の中でカバンを持つ

「グリップは柔らかく握る」とお教えすると、「こんなにゆるゆるでクラブが抜けないの？」と恐怖心を抱く方がいるかもしれません。そんな人は力を抜かず、力を入れる方向から始めるといいでしょう。

まずなにも考えずにグリップをギュッと力いっぱい握ってみる。そして無理矢理でもいいのでクラブを動かす。力を入れながらワッグルを繰り返すのです。

こうすると、力を入れて握っているにもかかわらず、力が抜けるポイントがあることに気づきます。手には力がはいっていても、手首やヒジの関節を自由に動かせる強さがある。これがクラブを握る際のベストなプレッシャーになります。

誰でもインパクトでは力がはいります。はいらなければボールがつかまりません。ただ、そこに力を集約するには、必要最低限の力でクラブを支えながら動かすことが必要。特に力のある男性には不可欠です。カバンでも、ギュッと握ったら疲れるし、ゆるすぎれば落とします。いうなれば長く持っていられる感じ。グリップする前にカバンを持つ形を再現するといいかもしれませんね。

第2章

〔40歳からの技！〕

スコアを組み立てる
アイアンのコツ

Iron

Iron 01

使っているアイアンに合った打ち方をするのが大前提

アイアンはダウンブローに打つといわれてきましたが、最近のアイアンはダウンブローには適さない、ソールが広いものも多くなりました。このようなモデルはロフトが立っていても球が上がる設計になっている。アイアンがユーティリティに近づいた感じで、ボールの近くに何となくヘッドを落とせば当たってくれます。このタイプのクラブを使っている方がダウンブローに打つのは大変ですし、その必要もありません。

プロゴルファーの場合、ダウンブローに打ってスピン量をコントロールし、打球の高さを変えたりしますが、それはコースのセッティングが厳しいから。練習場や遊びのラウンドでピンを狙うなら、僕も最近のアイアンのように打つと思います。

ダウンブローを目指すのも悪くはありませんが、それが不向きなアイアンを使っている方にとってはあまり意味がありません。逆に、打ち込むのがキツくなってきたと感じたら、楽に打てるソールが広めのモデルに換えるのも手だと思います。

どんなアイアンでどんな打ち方をするにしても、「インパクトからフォローでヘッドスピードを上げる」のがスイングの基本。このプロセスで力が出ることが大事なのですが、アマチュアの方のほとんどは、クラブを下ろすダウンスイングのタイミングで力を入れます。これだとパワーを撒き散らしながらインパクトに向かうので番手通りに飛ばない、あるいは当たり負けしてフェースが開くといった結果を招きます。アドレスからインパクトまでに力を使い切ってしまうので、その先に余裕がないのです。

同じ人間でも子どもが振ると、こうはなりません。力がないから体全体を使ってクラブを上げ、下ろすときはクラブまかせ。クラブを放さないよう無意識に力がはいるタイミングが、ドンピシャでインパクト～フォローになります。タコメーターが徐々に上がっていくような振り方ができれば、自然に力が抜けてきてうまく打てるようになる。クラブや年齢を問わず、どうやってこれをやるかがスイングの組み立てにおける永遠の課題です。

これを習得するひとつの方法が、**練習用の柔らかいシャフトのクラブを取り入れること**です。特に飛距離がまちまちの方は、柔らかいシャフトを体に巻き付けるように振る練習と、通常のクラブで打つ練習を交互に行うことで、自分に適したスイングのタイミングを体が覚えてきます。持ち前のリズムがわかればスイングの再現性は高まる。正確性が命のアイアンにとって不可欠な要素が手に入るのです。

Iron 02

8番アイアンを指1本分短く握ってスイングを作る

アイアンはスイングの組み立てに向いたクラブ。ヘッドが重く手先で操作しづらいので、必然的に体主体で振ることになるからです。その中で僕がおすすめするのは、適度にロフトがあってボールがつかまりやすい8番アイアン。僕の場合、スタンス幅が肩幅で、ボールを真ん中に置いて打つこともあって、すべてのスイングのベーシックになります。

アイアンはコントロールが命です。左右はもちろん前後、つまり距離も合わせなければいけませんから、よほどのことがない限り、〝マン振り〟することはありません。

大事なのはスイングの再現性を高めること。そのためクラブをコントロールしやすいよう、短く持っています。クラブを長く持つと先端側が動きすぎます。「動きすぎ＝挙動が不安定」ということで、前後左右のコントロールに影響する。グリップエンド側を指1本分余らせる程度ですが、これでも先端の暴れ方が変わります。

また、クラブと手が一体化しやすくもなる。シャフトのエンド側と手が一緒に動いて一定のリズムで振りやすくなります。

フルスイングしないアイアンでは、グリップエンド側を指1本分余らせて握ります

Point クラブを短く持つとクラブと体が一体化しやすくなります。グリップエンド側と手が一緒に動くのでリズムよくスイングできます

Iron 03

腕とクラブを一体化させ胸の前に置くのがベースポジション

序章の20ページでお話ししたとおり、僕は動くことを重視してスイングします。どちらかといえばフットワークを主体に振るタイプですが、その組み立ての中でひとつのルールを課しています。それは、**一体化させた手とクラブを胸の前に置いたまま動くこと**です。

プロのスイングを見ると、腕を勢いよく振ってインパクトに向かっている印象をもたれるかもしれません。でも、振っているというよりは、「振られている」といったほうが正確です。なぜなら、腕は反動によって動くから。

トップからダウンスイングで体を左に回すと、腕は遅れて下りてきます。この時間差がヘッドスピードを生むわけですが、それにはテークバックからバックスングで、腕とクラブを体と一緒に運ばなければなりません。

逆にいうと、スイングの前半で胸の前に腕とクラブを置いておければ、あとは下半身を左へ回せばいいだけ。歩くときに左足を踏み出すと右腕が前に出るように、反動でクラブが下りてきます。反動を使って振るには手とクラブが胸の前にないとダメなのです。

Point 手とクラブを一体化させるには、グリップエンドと体の間隔を変えないこと。スイング中はずっと胸の前にクラブがあるイメージです

Iron 04

スイングはドライバーの1割減

基本的にアイアンでフルスイングすることはありません。僕の場合、**フルスイングすることが多いドライバーと比べると1割減で振る感じ**です。

フルスイングとは、極端に力がはいることもなく、逆にゆるむこともなく、最後までしっかり振り切れ、フィニッシュでバランスよく立っていられるスイングのこと。トップから淀みなくクラブを下ろせて、ボールが飛んでいくのをずっと見ていられる、といってもいいでしょう。

この1割減ですから、当然、振り幅はフルスイングより小さくなります。しかし、スイングがゆるむことはありません。最初から最後まで、ずっと同じ力配分で振る。これはフルスイングでも1割減のスイングでも変わりません。

アマチュアの方の場合、振り幅を小さくすると、スイングがゆるみがち。ゆるみ過ぎると力を入れます。すると急減速、急加速を繰り返すことになります。ミスの原因はこれ。フルスイング、1割減にかかわらず、スイングでは徐々に加速することが大事です。

Point フルスイングより振り幅が小さくなっても、スイングがゆるむことはありません。最初から最後まで同じ力配分で振る。1割減のスイングでもこれを忘れずに

Iron 05

レベルに振ったほうがミスしない

40〜50代の方がゴルフを楽しむには、ダウンブローに打つより、**払うように打ったほうがミスしません。**多少トップすることはあっても、圧倒的にダフりが減るからです。払うように打つにはレベルスイングをすることとです。レベルに振れないのは回転が中途半端だから。バックスイングサイドかフォローサイド、あるいはその両方が途中で終わっています。ですから、**どこからどこまで振るかを決めて、それを実行すること。**どちらかというと振り切れていない方が多いので、決めたゴールまで振る練習をしましょう。ミスしても最後まで振ることでレベルスイングができるようになります。

もちろん力を入れて振る必要はありません。振れなければ、肩から肩の振り幅でも十分です。ボールを打つにしろ素振りにしろ、いつも意識することで、体が伸び上がったり、ボールを叩きに行かなくなります。結局はボールに対する意識が強すぎるから振り切れない。振り切る練習を反復すれば、インパクトは通過点でしかないことがわかります。これが正しいレベルスイングの組み立てにつながります。

Point
ボールを意識すると
体が伸び上がったり、
突っ込んだりします

Point 振り幅を決め、その振り幅をしっかり振り切る。ゴールまで振り切ることがレベルスイングの習得につながります

Point ボールに対する意識が強いと打ちに行きます。振り切る練習を反復するとボールは通過地点でしかないことがわかります

Iron 06

スイング中、手首の角度はずっと変わらない

アイアンショットを安定させるには、スイングの再現性を高めることですが、そこでポイントになるのが手首の角度です。手首を伸ばしてアドレスすることはないので、**誰しも手首には角度がつきます。スイング中、この角度を変えない意識が必要**ということです。

厳密にいえば、手首の角度は変わります。ヘッドを高く上げるにはバックスイングでクラブを立てなければなりません。ヘッドを真上に上げないと、重さを支えられないからです。これがいわゆるコック。こう聞くと、コックは意識的に行うのではなく、無意識に行われることがわかると思います。ですから、手首の角度を変えない意識をもてるわけです。

それにコックがはいったとしても手首が折れるのは親指側で、小指側には折れません。アマチュアの方の多くはダウンスイングで小指側に伸びて手首の角度がほどけます。これがアーリーリリースで、ヘッドが早く落ちたり、インパクトでフェースが開くといった動きを誘発します。フルスイングしないアイアンは、手首の角度を変えずに振りやすい。肩から肩のスイングで左右対称に振る練習をすると効果的です。

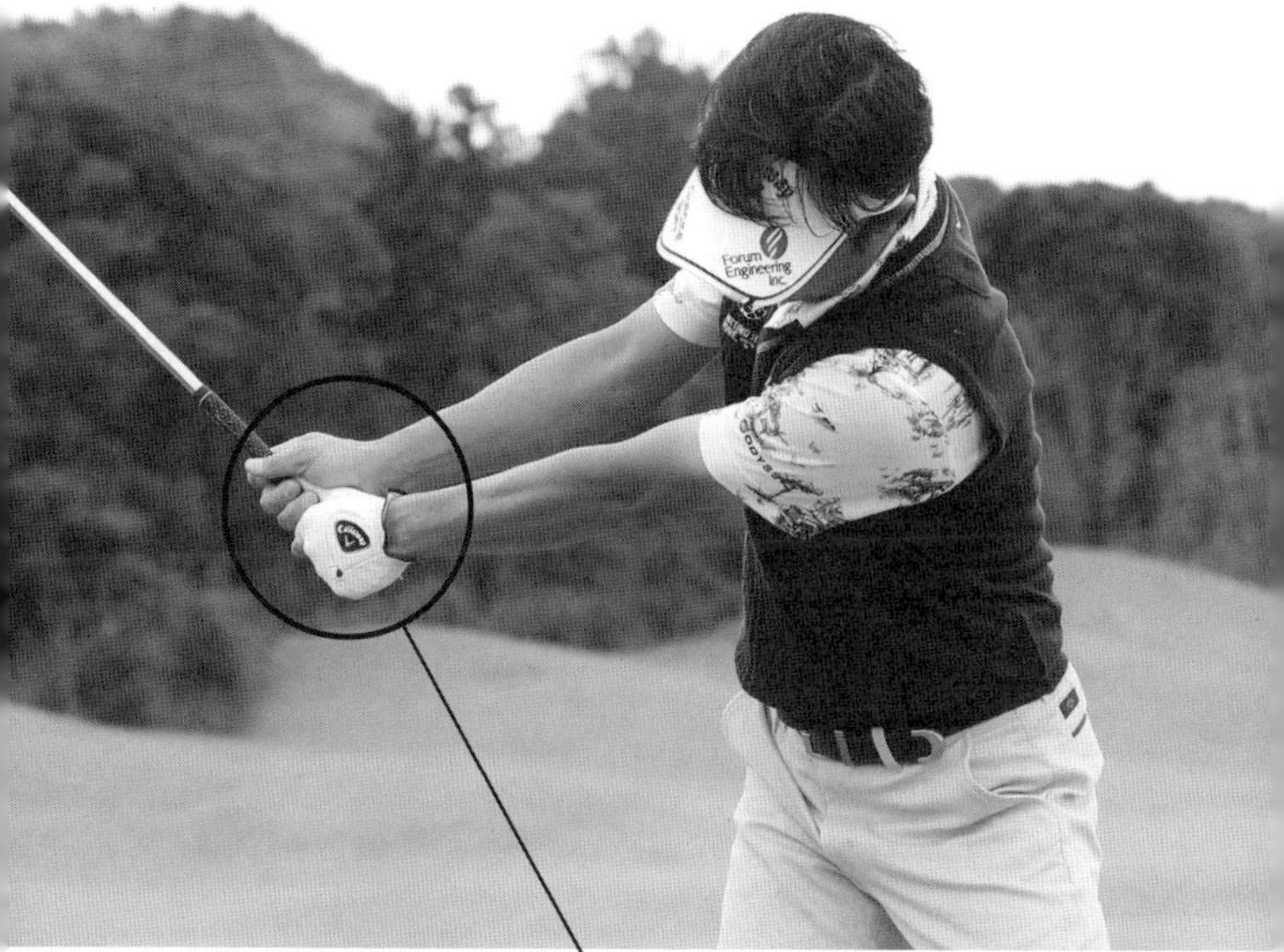

Point

アドレス時にできた手首の角度を変えないようにスイングします。少なくとも腰から腰の振り幅ではキープできるようになりましょう

Iron 07

インパクトまでボールはおヘソより左

僕は**「ボールはおヘソより左」**というイメージをもってアイアンを打っています。ボールを左右センターに置いて打つ8番アイアンなら、最低限インパクトまでは、おヘソがボールの真上にとどまるようにスイングを組み立てるわけです。

もちろんイメージしているだけ。僕のスイングを静止画で見ると、インパクトの瞬間には下半身が先に回って、おヘソと思しきところが目標方向を向きはじめているかもしれません。でも、イメージの中では「ボールはおヘソより左」、もしくは真下にあります。

これは、ボールの位置がやや左寄りになるロングアイアンを考えるとわかりやすい。最初から左にあるので、ボールはおヘソより右にはきません。ただ、左に体重移動しながら打ちますから、インパクトではおヘソがボールの真上あたりにくる可能性があります。

ボールがおヘソより右にくるということは、体が左に流れているということ。腰が回らずスエーする、あるいは振り遅れています。こうなりやすい方は、僕のようなイメージで打ってみてください。

Point インパクトの瞬間に下半身が先に回り、おヘソが目標方向を向きはじめているかもしれませんが、イメージの中では「ボールはおヘソより左」か真下にあります

Iron 08

打球の高さを意識するとショットが組み立てやすい

アイアンの練習やスイング調整には連続打ちが効果的とお話ししましたが（19ページ参照）、もうひとつ気をつけていることがあります。それは**打球の高さ**です。

いうまでもなく番手によって打球の高さは変わります。正しく打てればロフト通りに飛ぶので、アイアンショットのバロメーターになる。トップ系が多ければすくい打ち傾向、吹き上がれば打ち込みすぎというわけです。出球の高さに注目すると飛び出す角度がわかりますから、木越えのときなどにも役立ちます。

目標意識を高めることも大事です。プロは目標方向への意識が高い。ボールを打つことではなく、ターゲットを決めてそこに振り出し、振り切ることがメインです。

苦手なホールやピンチになると、怖がってボールに合わせがちになる。これがおかしくなる原因です。僕らはときどきパンチショットで合わせることがありますが、その先には絶対といっていいほどスランプが待ち構えています。合わせにいってミスするより、振り切ってミスするほうがいい。同じミスでも、あとに及ぼす影響の大きさは段違いです。

注目するのは出球の高さ。
ボールが飛び出す角度です

アイアンをしっかり打てればロフト通りに飛びます。打球の高さはバロメーターになるので、打つ前に必ずイメージして結果とつきあわせます

Point

Iron 09

アイアンのダフり・トップを直す①

トップで一拍置いてから振り下ろす

アイアンにおけるアマチュアゴルファーのミスで一番多いのはダフりとトップ。それを直すためのドリルをふたつほど紹介します。

ひとつめは**トップで一旦停止してから振り下ろすドリル**です。

ダフりやトップが出るおもな原因は、ダウンスイング以降での力の入れ方にあります。飛ばそう、あるいはしっかり打とうとすると、このタイミングで力がはいります。すると手でクラブを下ろす。このとき、手首の角度がほどけてアーリーリリースになるとヘッドが早く落ちてダフります。また、力を入れないまでも、速く振ろうとするとダウンスイングで左腰が開きます。この場合、多くはすくい打ちになってトップしやすくなる。右肩が落ちすぎればダフることもあります。

トップで一旦スイングを止めると、ダウンスイングで力がはいりません。また、必要以上に速く振ることもできません。つまり、切り返し以降の悪い動きが矯正されるのです。

これは素振りでやってもいいですし、ボールを打っても構いません。

①普通にテークバックしたら
②トップで一旦ストップします
③トップからクラブを下ろします

Iron 10

アイアンのダフリ・トップを直す②

往復素振りで関節をやわらかく使う

もうひとつのドリルは**連続の往復素振り**です。文字通り、連続して素振りをしていただくわけですが、右サイドから左サイドに振るだけでなく、逆方向からも振る。つまり、右利きと左利きのスイングを交互に行ってほしいのです。

というのも、これはショットの直前にやるリハーサル的な素振りではなく、体の動かし方を身につける素振りだから。右振りと左振りを繰り返し、連続して素振りをすると体がほぐれます。関節が柔らかく使え、クラブの重みも感じられるようになってきます。ここがポイントで、テークバックがどう、トップがどう、といった枝葉末節ではなく、**スイングの根幹を組み立てる動きができるようになります。**もちろん、自分に合ったリズムやタイミングも自然に湧き上がってきます。

でも、いい加減に振ってはいけません。ショットの直前ほどではないとしても、実際のスイングをイメージして振り切ること。簡単なドリルですが、練習開始前、あるいは練習中に取り入れると、スイングが間違った方向に行きづらくなります。

Point 右振りと左振りで、連続素振りを繰り返すと、関節が柔らかく使えてクラブの重みが感じられるようになり、自分に合ったリズムで振れるようになります

Iron 11

アイアンのスライス・フックを直す

ボールの先に刺したティを打つ

アイアンの場合、ドライバーほど激しく左右に曲がることはないと思いますが、それでもスライスやフックでお悩みの方は多いようです。傾向的には長い番手でスライス、短い番手でフックする。これはクラブの構造によるところもあるので「スイングのここが悪い」と決めつけることはできません。でも、長い番手では飛距離を求めてすくい打ちになり、フェースが開いてスライス。短い番手では合わせにいってフックするケースが一般的です。前者はヘッドが下から上、後者は上から下に、極端に動く過程でボールをとらえることで起きます。ということは、ヘッドの入射角を整えれば直るわけです。

おすすめは**ボールの先（アドレスポジションから見て左）、10センチほどのところにティを刺し、ボールと一緒にそのティを打つドリル**です。年齢を問わず、アマチュアの方はアイアンもアッパーに振りやすいので、ボールの先にターゲットを設けてヘッドが上からはいるようにするとレベルに振れるようになります。練習場のマットでやる場合は、同じ位置に目標を見つけるなり、目印を置くなりして、それを打つようにするといいでしょう。

Point ボールの先10センチほどのところにティを刺します。打つボールは低くティアップしてもOKです

Point ボールと一緒に刺したティを打ち抜きます。アッパーに振りやすい方は、レベルに振れるようになります

Iron Shot 01

アイアンショット 正面

変えることでダウンブローに打ったり、スイープに打ったりしています

深堀圭一郎の

フットワークを使って打っているのでダイナミックに見えるかもしれませんが、僕の中ではコンパクトなスイング。基本的にスイングはひとつで、ボールの位置を↗

Iron Shot 02

アイアンショット 後方

てます。打つときは出球の高さを気にしています

深堀圭一郎の

アイアンはボールが体に近づき、クラブも短いのでタテ振りのスイングになります。この軌道でスイングすることでスピンがかかり、番手ごとの高さと距離が打↗

K's Column 02

飛ばしかショートゲームかボール選びは二者択一で

昨今のクラブの進化には目を見張るものがありますが、ボールの進化もかなりのもの。ここまで種類が増えると、アマチュアの方でも向いたボールと不向きなボールが出てくると思います。

ボール選びの基準については、飛ばしかショートゲームか、どちらかに特化すべきだと思います。メーカーはこれらの両立を目指していますが現実的には難しい。プロレベルの技術があっても生かせるかどうかです。

考え方としては、いま200ヤードのティショットが220ヤードになるのと、ティショットは200ヤードのままでもアプローチがよくなる。この2つのどちらが自分にとってメリットになるかで選ぶ。要は自分のゴルフ次第です。飛距離の20ヤードアップは大げさかもしれませんが、10ヤード近く伸びることはあると思います。

うまい人が気づいているのは、スコアを作るのはショートゲームだということ。でも、多くの人は飛ばしたいと思っています。このふたつはまったく別の楽しみ。それをわかったうえでの選択ならば問題ありませんが、どっちつかずだと上達の妨げになります。

第3章

〔40歳からの飛距離UP！〕

飛ばなくなった人に役立つ ドライバーの組み立て

Driver

Driver 01

体の回転スピードに合わせてドライバーをチューンナップ

「ドライバーが飛ばなくなった」と感じている40～50代の方は多いと思います。僕もその一人で、それを補うためにいろんなことを試みています。

この章では飛距離を取り戻すためのスキルを紹介しますが、手っ取り早くやるならクラブを換えるのが一番。とりわけシャフトの影響が大きいので、シャフトを換えるだけで飛ぶようになる可能性があります。

アマチュアの方には、硬いシャフトを使いたがる傾向があります。若さでスピーディーに振れているうちはそれもいいのですが、年齢とともに体力が落ちるとスイングスピードも落ちてシャフトのしなりを使えなくなります。体は回転してもシャフトはしならず、硬い棒のように体と一緒に動くだけ。だから飛ばない。無理にしならせようとしたら、どこかを止めなければなりません。スイングではそれが体になる。つまり、体のどこかを止めて打とうとするわけです。

序章の20ページで述べたように、僕にとって体が止まるのは最悪。アマチュアの方にとってても百害あって一利なしで、ますます打てなくなります。飛ばなくなるだけならまだしも、打球がバラつきはじめます。

以前と同じような感覚で打つには、シャフトを柔らかくすることです。多少スイングスピードが落ちてもシャフトが柔らかいぶん、しなってくれます。

衰えを認めたくない、なかなか慣れないといった理由で、柔らかいシャフトに抵抗を感じる方もいらっしゃいますが、自分に合ったフレックス（＝自然に動きやすいもの）を探すのは絶対に必要なこと。メーカーによってそれがSかもしれないし、Rかもしれないというだけのことです。

結果的には体が硬直しないで打てればいい。固まらなければ、同じスイングを反復してできるようになります。もちろん、それができるように普段から体を動かしたり、柔軟性を保つトレーニングをすればクラブを換える必要はなくなるかもしれません。

ドライバーとアイアンのスイングは基本的には違います。ドライバーはヨコ振り、アイアンはタテ振りです。でもそれは、クラブの長さやボールの位置といった外的な要素によって変わるので、ドライバーだからヨコ振りしているわけではありません。力で飛ばそうとすると、この組み立てが崩れます。そうなる前に手を打ちたいものです。

Driver 02

上体を起こし、胸の前にスペースができるように構える

ドライバーのアドレスについては第1章でも少し触れましたが（50ページ参照）、ここであらためていくつか付け足しておきます。

まずスタンス幅ですが、基本的にはスイングしやすい幅で構いません。ただ、体の回転を主体に打ちたい方は狭め、体重移動を主体に打ちたい方は広めがいいでしょう。

ボールの位置は、左カカトから左ツマ先の延長線上の範囲。これはシャフトの長さによっても変わります。僕の場合は45・5インチで左ワキの延長線上。これよりシャフトが長い方は、もっと左に置いてもいいと思います。

構えるときに、地面にクラブを押さえつけるようにしないことも大事。ヘッドはそっとソールする感じでOKです。押さえつけさえしなければ、腕の前側から力が抜けやすい。

そして上体を起こしやすくなります。前傾角度が深くなるほど体は回りにくくなりますから、胸の前に適度なスペースができる程度に体を起こす。体の回転が不可欠なドライバーでは、とりわけ重要な組み立て方です。

前傾角度が深くなるほど
体は回りにくくなるので
上体は起こし気味に。胸
の前に適度なスペースが
できるのが目安です
Point

Driver 03

体とクラブが離れないスイングが不可欠

最近のドライバーは長いのでシャフトがよく動きます。これを効率よく使えればいいのですが、スイング中に手と体が離れると、イメージした以上にインパクトポイントがズレてしまいます。また、長いぶんインパクトでフェースが開いたときの度合いがとても大きくなります。それだけ大きく曲がるわけです。

もちろん、長くてもヘッドが走るシャフトを装着したり、フェース面をクローズにするなどして、右に行きにくくはなっていますが、40～50代の方が昔使っていたドライバーのように、インパクトの瞬間にボールがくっつくような当たり方はしません。つまり、インパクトでフェースが向いた方向に真っすぐ飛び出す。そのため、右にプッシュアウトが出てトラブルになるアマチュアゴルファーがすごく増えています。

この症状を緩和するには、**体とクラブが離れないスイングが不可欠。アイアン以上に腕と体を一体化させるイメージで振ること。**そのうえで自分に合ったシャフトとヘッドを選べば、これまでで最長の飛距離を手に入れることができます。

Point

右へのプッシュアウトを防ぐには、体とクラブが離れないシンプルなスイングが不可欠。これができれば、人生最長の飛距離が手にはいるかもしれません

Driver 04

右重心をキープし、ボールを右から見ながらインパクト

ドライバーはアッパー軌道でボールをとらえるクラブです。ボールを左に置いてティアップするのはそのため。この組み立てで普通に振れば、ヘッドが最下点を通り過ぎ、上昇軌道にはいったところでインパクトを迎えます。つまり、ヘッドスピードが最大になったタイミングで、打ち出し角の高い球が打てる。だから飛ぶわけです。

こうならないのは普通に振れていないから。その大きな原因のひとつとなっているのが「重心位置」と「体重移動」です。

50ページでお話ししたように、ドライバーでは重心をやや右に置いてアドレスします。これに加えて、テークバックからバックスイングで右への大きな体重移動がはいると、右足に体重が移ります。

これ自体は悪いことではありませんが、アマチュアの方の場合、体重が流れて右足の外側まで行きやすい。こうなってしまうと、切り返しで相当大きく動けないと体重を左サイドに移すことができません。ダウンスイングでクラブはあっという間に下りてきます。そ

のタイミングで、クラブが下りるより早く、一瞬のうちに体重をシフトしなければならないわけですが、これはプロでも無理な話。結局、体重を右に残したまま、すくい打つことになります。

また、そうなるのを嫌がって左重心で構える、あるいは左サイドへの体重移動を意識しすぎると、ヘッドが上からはいってボールを潰すようなインパクトになるため飛びません。いずれにしても、最適なアッパー軌道でボールをとらえられないのです。

40〜50代の方がドライバーショットを組み立てるには、それほど大きな体重移動は必要ありません。右重心でアドレスしたら、それ以上右足に体重を乗せなくてもいいくらい。その代わり、ボールを打つまでその重心位置を保つようにするのがいいと思います。

それには**ボールを右から見た状態のままインパクトを迎えること。**右足のツマ先あたりに体重が残っている感じで構いません。もちろん体重を左に移す必要もありません。打つ前に体がボールの前に出ることはありえないのです。

これができると、よくいわれる〝ヘッド・ビハインド・ザ・ボール〟という、頭をボールより右サイドに残した体勢でインパクトできます。体重を左に移すのは、それからでも遅くありません。そこから一気に左へ移せばいいのです。

Point 右重心でアドレスしたら、それ以上右足には体重を乗せなくてもいいくらい。ボールを打つまでその重心位置を保つようにするといいでしょう

Point 左重心で構えたり、左サイドへの体重移動を早くすると、ヘッドが上からはいったり、手が前に出てくるので飛びません

Driver 05

下半身の動きを意識づけできる「1、2、3」ドリル

前項では過度な重心、および体重移動のデメリットについてお話ししましたが、これらはすべて下半身の感覚です。そのため、重心移動はもちろん、体重を移動させても大きく動いているようには見えない。そのぶんわかりづらいともいえます。

この動きを順に説明すると、右重心のアドレスからテークバックで右足内側に体重が乗って、そのままバックスイングへ。切り返しでは左足を踏み込みます。

ただ、お話ししたように、切り返しで左足を踏み込んだタイミングでは、まだ右足のツマ先あたりに体重が残っている感じがあります。体重か重心か定かではありませんが、とにかく残っている。だからボールを右から見る景色で打てるわけです。

この一連の動きをつかむには、**「1、2、3」で振るドリル**が効きます。

まずテークバックで右へ体重移動してトップまで行きます。次に左への体重移動を入れながら1回、2回、3回とハーフウェイダウンくらいまでのダウンスイングを繰り返す。これでダウンスイング時の体重の移動のしかたを体に意識させることができます。

Point テークバックで右へ体重移動してトップまで行きます

Point 左への体重移動を入れながら1回、2回、3回とハーフウェイダウンくらいまでのダウンスイングを繰り返してから打ちます

Driver 06

ボールをとらえた勢いで左足に一気に体重を移動する

スイングでは振り切ることが大事。フルスイングすることが多いドライバーでは、とりわけ重要です。でも、振り切れないアマチュアゴルファーが多い。そのおもな原因は、打ったあとに体重を左に乗せ切れないことです。

わずかながらも右サイドに体重を残しながら打つわ、次に左に体重を移すわ、と大変ですが、それが飛ばすための条件なのでやるしかありません。

とはいえ、考えすぎるとできませんから、**ボールをとらえた勢いで一気に左足に体重を乗せる、**と考えていただければ結構です。

逆に、それを目標にスイングしていただいたほうがうまくいく方が多いかもしれません。打ったあとに右足に体重が残ってしまうのは、ボールを意識しすぎるから。たとえ左足に体重が乗ったとしても、この意識が強いとヘッドが上からはいって飛びません。ですから、スイングする、あるいは振り切る意識をもつだけで、左への体重移動がスムーズになる可能性がある。右に残りやすい方はなおさらです。

○
ボールをとらえた勢いで
一気に左足に体重を乗せ
て、左足一本で立ちます
Point

×
打ったあとに右足に体重が
残る一番の原因は、ボール
を意識しすぎることです
Point

Driver 07

「胸でボールを見ながら打つ」とスライスがなくなる

プロのスイングは下半身で組み立てられています。下半身を積極的に使う僕の場合、下半身が命といっても過言ではありません。でも、社会に出てからゴルフをはじめたアマチュアの方は、なかなか下半身では振れません。40～50代の方であればなおさらです。

それなら、動かしやすい上半身を意識して下半身を使える方向にもっていくのが合理的。

「胸でボールを見ながら打つ」のもそのひとつです。

ドライバーのミスは圧倒的にスライスが多いですが、これはインパクトで腰が開くから。ダウンスイングを下半身から動かすのはいいのですが、上体も一緒に動いて腰が開くわけです。心当たりがある方は、胸を意識してみましょう。**スイングはそのままでいいので、胸でインパクトを見るように振るのです**。

こうすると打ち急ぎになりません。胸でボールを見ながら打つには、腕や上体を早く動かせません。そのバランスで下半身も動くのでタイミングが合ってきます。下半身はアドレスに戻っているけれど、上体は残っている、という形が自然にできます。

Point
いまのスイングのまま、
胸でインパクトを見る
ようにスイングすると
体の開きが抑えられス
ライスが減ります

Driver 08

フォローに向かって徐々に加速するようにスイング

ドライバーで飛ばすには、なるべく深くバックスイングしたい。理想をいえば、地面に対して肩が90度になるまで回したいところですが、40～50代ともなるとそうはいきません。無理して回しても後が続かなければ逆効果です。体の柔軟性を保つためにも練習では深く回す努力はしてほしいですが、ラウンドでは回るところまで回していただければOKです。

ただし、回転を戻す、つまり、**ダウンスイング以降は徐々にヘッドを加速させるイメージをもつこと**。バックスイングで上体をギリギリとねじってパーンと解放すると、その瞬間に一気にパワーを使ってしまいます。また、スイングのリズムも一定になりません。

そうではなく、**フォローに向かうほど加速するイメージで振る**。ダウンスイングでクラブをゆっくり下ろす（＝腕で下ろさないようにしましょう）。これはバックスイングが深くても浅くても同じ。浅い方ほど気をつけてほしいポイントです。

バックスイングが深いということは助走が長いということ。ヘッドを徐々に加速できてはじめて、長い助走を生かせるのです。

Point　できるだけ深くバックスイングしたら、ダウンスイング以降は徐々にヘッドを加速させるイメージをもち、フォローで最速になるように振りましょう

Driver 09

たとえ曲がってもボールの落下を見とどける

ドライバーでミスをしたアマチュアゴルファーを見ていると、十中八九スイングが途中で終わっています。ミスしたからそうなったのか、それだからミスになったのか、その両方なのかはわかりませんが、いずれにしてもよくない組み立て方です。

スイング中、どこかの動きが止まれば必ずミスになります。もちろん最後まで振れればミスしない、という保証はありませんが、どちらが成功に近いポジションにいるか、次につながるかといえば圧倒的に最後まで振るほう。途中で終わってはどこが悪かったのかわかりませんが、最後までやり切ればわかります。

たとえば、右足に体重が残っている、ヘッドアップした、といったことを自分で確認できます。そのため僕は、**たとえ曲がっても最低限ボールが落下するところまでは見とどけます。**「プロはそんなに曲がらないから見られる」と思うかもしれません。でも、それは逆で、見とどけるつもりで振ったほうが振り切れるため結果はよくなります。ドライバーでもっとも大切なことが、ボールを見とどけるだけでできるのですから、絶対にやるべきです。

Point

落下するまでボールを見とどけるつもりでスイングすると振り切れます。これを習慣づけることでドライバーでもっとも大切なことが身につきます

ドライバーショット 正面

ローでヘッドスピードが出るように振っています

深堀圭一郎の

ドライバーでは基本フルスイングします。スイング中の力加減がずっと変わらず、フィニッシュでバランスよく立てるのがフルスイング。インパクトではなくフォ↗

Driver Shot 02

ドライバーショット 後方

腕と体を一体にしてシンプルに動き、スクエアインパクトを目指しています

深堀圭一郎の

クラブが長く、ボールから離れて構えるため、ドライバーのスイングはヨコ振りになります。最近のドライバーはインパクトでフェースの向いた方向に飛ぶので、↗

K's Column 03

谷の近くのショットは風の影響が２倍になる!?

ゴルフに風はつき物。フォローにしろ、アゲンストにしろ、ショットのコントロールに大きな影響を及ぼします。そんな風について注意してほしいことがあります。

それは谷底から吹く風は、通常より強くなること。たとえば、谷越えのティショットでアゲンストの風が吹いているとしたら、自分が感じている風以上に強いアゲンストなので飛ばない。僕のイメージでは２倍くらいの強さになります。もし、いつもうまくいかないホールがあって、そこが谷に面していたら、谷を経由して強くなった風の影響かもしれません。

『日本ゴルフツアー選手権』が行われる宍戸ヒルズの17番パー４は２打目が飛ばないことで有名です。ホール自体が渓谷のようで、セカンドショットは池越えになるのですが、これが飛ばない。数字通りの距離を打っても飛ばず、手前の池に入れるプレーヤーが多くいます。定かではありませんが、下の池の面積が広いとボールが飛ばない、という説もあります。もちろん、心理的な影響もゼロとはいえませんが、何年やっても変わらない。どなたかに、この謎を解いていただきたいくらいです。

第４章

〔40歳からの武器！〕

FW＆UTの上手な組み立て方

Fairwaywood・Utility 00

ユーティリティを使うとゴルフの組み立てが断然楽になる

ひと言でいえば、フェアウェイウッド（以下ＦＷ）はウッド寄り、ユーティリティ（以下ＵＴ）はアイアン寄りのクラブだと思います。ＦＷは3、5、7、9と長い番手から落として、ＵＴはアイアンから番手を上げてセットすることから見ても明らかです。

スイングにもこの傾向が表れます。ＦＷは長めなのでボールをやや左足寄りに置き、肩の回転を使ってレベルに振る意識で打ちますが、ＵＴはそこまでやらない。ボールの位置がやや内側になることもあって、ヘッドがやや上からはいるイメージのスイングになります。大振りしないところもアイアン寄り。ＦＷはヨコ振り、ＵＴはタテ振りのスイングになるといってもいいでしょう。

打球の強さや飛び方にバラつきがあったかつてのＵＴは、プロにとって使いづらいクラブでしたが、最近は改良が進んで使いやすくなりました。ボールの直進性が高く、ＦＷほどスピンがかからない。でもロングアイアンよりはスピンがかかって球が上がる構造になっています。プロが7番、9番といった短いＦＷを使うと、とんでもなく高い球が出てしまうのでロングアイアンを選択するしかなかったのですが、いまでは多くのプロのバッグでUTを見るようになりました。

UT最大のメリットはロングアイアンに比べて球が上がりやすいこと。プロは打ち方を変えて高い球を打てますが、アマチュアの方はUTを使ったほうが断然楽です。もちろん飛距離も出ます。5番アイアンで200ヤード打ててもそれ以上は無理。その点、UTなら限界距離がずっと先になります。技を使えばもっと飛ばせるし、短く持って軽く振れば距離を抑えることもできます。

さらに、**その名の通りいろんな場面で使えます。**たとえば、ちょっと離れたグリーン周りから上り傾斜にバウンドさせて乗せたいとき。アイアンで打つとスピンが効いて、逆目の上りの土手などで思ったほど前に行かないことがあるのですが、そんなケースでロフトのあるUTを使うとうまく駆け上がってくれます。低い球でも前にしっかり飛ぶので、枝の下を抜くときにも役立ちます。

昔はUTで打つのが恥ずかしい時代もありましたが、いまや逆。うまく使ったほうが賢いゴルファーに見えるし結果も伴います。僕もアイアンは5番からのトータル8本。場合によってはもう1本抜いてUTを入れようかと思っているくらいです。

Fairway wood 01

アドレスはドライバーのコンパクト版

僕のバッグにはロフト15度と18度、2本のフェアウェイウッドがはいっています。小さい頃から練習してきた3番ウッド（15度）はドライバーより頼りになる得意なクラブです。さて、そんな**3番ウッドのアドレスですが、イメージ的にはドライバーのコンパクト版。**スタンス幅は片足幅ぶんほど狭くなります。ドライバーのアドレスから左足は動かさず、右足だけを内側に寄せて狭めます。

ボールの位置は左ワキの真下あたり。ドライバーとほぼ同じか、ボール1個から半個分内側になります。〝ほぼ同じ〟なのは自分の感覚で合わせているから。いろんな写真を見ると微妙に違っているかもしれません。18度ではスタンス幅がもう少し狭く、ボール位置もわずかに内側にはいります。

ウッドではフルスイングがメインになるので、〝動く〟ことを意識してアドレスします。上体はもちろん、ヒザや足首の関節が固まらないようにする。僕の中では、動きながら構えている感じです。

Point

スタンス幅はドライバーより片足幅ぶんほど狭く。ボールの位置は左ワキの真下あたりで、上体はもちろんヒザや足首の関節が固まらないように立ちます

Fairway wood 02

タメは作らず均等な力でシンプルに体を回す

いまのフェアウェイウッドは以前のモデルに比べて長くなり、ロフトも立っています。僕がゴルフをはじめた頃はドライバーが43インチ。3番ウッドで42インチくらい。いまは3番ウッドでも最低43インチくらいでロフトは13～15度。確実にドライバーに近づいています。

ドライバーに近いぶんドライバーと同じ現象が起きやすいクラブになっています。飛距離は出ますが、右にプッシュする方も多いのではないかと思います。その代わり、ドライバーと同様にシンプルなヨコ振りをすれば、その機能を生かせます。すなわち、**手と体の距離が変わらないようにして体の回転で打つことです。**

どちらかといえば飛ばしたいクラブですから、スイングでは力がはいりがち。特にダウンスイングで力を使ってしまいます。タメを作ろうとするとこうなりやすいのですが、**いまどきのフェアウェイウッドはタメを作らなくても飛ぶ。**均等な力でシンプルに体を回すのがスイングを組み立てるポイントです。

Point

手と体の距離を保つように振ります。タメを作らなくても飛ぶので、終始均等な力でシンプルに体を回しましょう

Fairway wood 03

左股関節が浮かないようレベルスイングを心がける

ショットで飛ばそうとすると下から上に向かって振るスイングになりがち。いわゆるすくい打ちで、クラブが長く、ボールの位置が左寄りになるフェアウェイウッドでは、ボールをクリーンにとらえることができません。多くはトップ、右肩が早く落ちればダフリも出ます。

すくい打ちになる原因のひとつは、ダウンスイングで体の左サイドが伸びること。左ヒザが伸びて左の股関節が浮くような形になります。左ヒザが伸びないように意識するのも大事ですが、意識しすぎると左腰が引けてしまうので、**左の股関節が浮かないように腰をレベルに回す意識をもつほうが組み立てやすい**と思います。

スイング中はずっと、わずかながらも右腰が高い状態になっていなければなりませんが、アマチュアの方の場合、右腰が低くなってしまう。そのため下から上に振る形になりがちです。**なかなか当たらない方は、思い切って打ち込むくらいの感覚で振ったほうがいい**かもしれません。自分で打ち込んでいる感じでも、結果的にはレベルに回るからです。

Point
左の股関節が浮かないように腰をレベルに回す意識でスイングします

右腰が低くなると下から上に振る形のすくい打ちになります

Fairway wood 04

カーボンシャフトはフルスイング向き。シャフトを体に巻きつける

40～50代の方のほとんどは、カーボンシャフトを装着したフェアウェイウッドをお使いになっていると思います。スペックは人それぞれでも、基本的にカーボンシャフトは飛ばすためのシャフト。いいかえると、フルスイングに向いたシャフトです。

ですから、フェアウェイウッドはドライバーのようにフルスイングしたい。極端に力がはいることもなく、逆にゆるむこともなく、最後までしっかり振り切れ、フィニッシュでバランスよく立っていられるように振るのが理想です。

それには**シャフトを体に巻きつけるように振るイメージをもつといい。**イメージしにくければ、ホースや、ぐにゃぐにゃのシャフトがついた素振り用のクラブを振ってみてください。バックスイングサイド、フォローサイド、どちらに振っても持っているものが体に巻きつくように動きます。

特にフィニッシュではシャフトを背中につけるようにする。このイメージで振れるときれいなヨコ振りになってクリーンにインパクトできます。

Point
シャフトが背中につく
ようなフィニッシュが
とれれば最高です

Fairway wood 05

ボールの先を打つイメージでスイングする

ドライバーでは、インパクトではなく、そこからフォローに向かう過程でヘッドを加速させるように振る、とお話ししました（104ページ参照）。これはフェアウェイウッドでも変わりません。ただ、ティアップしているドライバーやクラブが短いアイアンに比べると、正確にヒットするのが難しい。フェースの面積が狭く、しかも地面にあるボールを打たなければならないのですから当然です。

とはいえ、当たりづらいからといって自分にプレッシャーをかけるとよくありません。スイングの組み立て方としては、**ダフりさえしなければOK**。トップでも確実に前進はできますし、そこそこ飛ぶはずですから、たとえトップが出てもがっかりしないこと。ナイスショットまであと一歩と考えてください。

もしトップが続くようなら、ボールではなく、ボールの先を打つイメージでスイングしましょう。ヘッドが上昇する過程でヒットしていた状態だったのがフラットな軌道でヒットできるようになると同時に、フォローで加速するスイングになって飛びます。

Point トップは悪くありませんが、あまり続くようならボールの先を打つイメージでスイングしましょう。インパクト前後でヘッドがフラットに近い軌道で走ります

Utility 01

当たらなければ、まずアドレスをチェック

この章の冒頭で、ユーティリティはアイアン寄りのクラブだとお話しました（114ページ参照）。アイアンのイメージで打ったほうがうまくいくと思いますが、打てない方もいらっしゃるでしょう。そんな方は**スイングの前に、アドレスを組み直してください。**

ユーティリティを使う場面では、グリーンまである程度長い距離が残っているので、多くの方が飛ばしたいと思います。ティショットで使うならなおさらです。でも、アイアン寄りのユーティリティは飛ばすクラブではなく「飛ぶ」クラブ。アイアンのイメージで使えて飛ぶからユーティリティなのです。

飛ばそうとするとアドレスが大きくなります。3番ウッドのようにボールが左に寄り過ぎていませんか？　スタンス幅が広すぎないでしょうか？　まずはそこから。振りやすい組み立てをすることからスタートしましょう。

また、スチールシャフトのアイアンを使っている方は、ユーティリティもスチールにしたほうが違和感なく構えてスイングできると思います。

Point

飛ばそうとするとアドレスが
大きくなります。アイアンの
アドレスをイメージして構え、
ボールコントロールを優先さ
せしましょう

Utility 02

タテ振りできるように ボールの近くに立つ

参考までに僕のユーティリティ（ロフト23度）のアドレスを紹介すると、スタンス幅は両足の内側が肩幅と同じになるくらい。ボールの位置は、左カカト延長線上よりボール1個分内側です。

アイアンと同じでクラブは長く持たず、グリップエンド側を指1本分余らせて握っています。フェアウェイウッドに比べてクラブが短いですから、ボールに近づいて立つことになりますが、ここが結構大事。ボールから離れるとヨコ振りになりやすい。**ユーティリティはアイアンと同じようにタテ振りのスイングをしたいので離れ過ぎはアウトなのです。**

アイアンのように振るといっても、上から打ち込むということではありません。第2章の66ページでお話ししたように、いまのアイアンはレベルスイングで打つほうがやさしい。レベルに振れば、クラブの長さとボールの位置との関係で勝手にタテ振りになります。

ユーティリティも同じで、アイアンのようにタテ振りできるようにセットアップすることが不可欠。スイングを組み直す必要はありません。

ボールから離れるとヨコ振りになります。アイアンと同じようにタテ振りのスイングをしたいのでボールからは離れ過ぎないように
Point

Utility 03

左右対称の振り幅でコントロールショットを心がける

アイアンと同様、ユーティリティでは基本的にフルショットはしません。飛距離よりもコントロール。アイアンよりも長い距離をコントロールするという発想でスイングしたほうが、いい結果につながります。

ポイントは**左右対称の振り幅で打つこと**。腰から腰、肩から肩という具合に、左右対称に振れているかを確認しながら、徐々に振り幅を大きくしていく練習をしてスイングを組み立てるといいでしょう。

また、**いろんな球筋を打つ練習も効果的です**。クラブを短く持って距離をコントロールする、ボールを右に置いて低い球を打つ、オープンスタンスで立ってスライスを打つ、といったように、いろんな球を打ってみる。ウッドに比べて操作性が高く、見た目よりもロフトが立っていないので意外と打ちこなせます。

もちろん遊び感覚で構いません。打っているうちにクラブに馴染んでくると思いますし、林の中から打つなど、トラブルショットでも使えるようになります。

Point 左右対称の振り幅で打ちます。練習では左右対称に振れているかを確認しながら、腰から腰、肩から肩という順で徐々に振り幅を大きくしましょう

Utility 04

すくい打つクセは打ち込むスイングでレベルに戻す

アマチュアの方がユーティリティを使ったときに見られるミスのほとんどは、すくい打ちによるものです。そうなる一番の原因は飛ばしたいという気持ち。飛ばそうとすると下から上へのスイングになります。すると当たりそこなってトップやチョロ、ダフりといったミスになります。

ユーティリティは、そもそもボールが上がりやすいクラブ。上げようとする必要はありません。ただ、それを長年やってきている40～50代のゴルファーはクセになっていますから、そう簡単に抜けないかもしれません。

そんな方は、**思い切って上から打ち込むようなイメージで振ってみましょう。**アドレスで気持ちハンドファーストの構えを作り、その形を崩さないように振ってもいいでしょう。ショック療法的な処置ですが、染み付いたクセは極端なことをやらないとなかなか直りません。もしこれでうまくいったら、しばらくこのイメージで打ってみる感じでいい。ご自分が思うほど打ち込んでおらず、むしろレベルなスイングになっているはずです。

飛ばそうとするほどすくい打ちになります

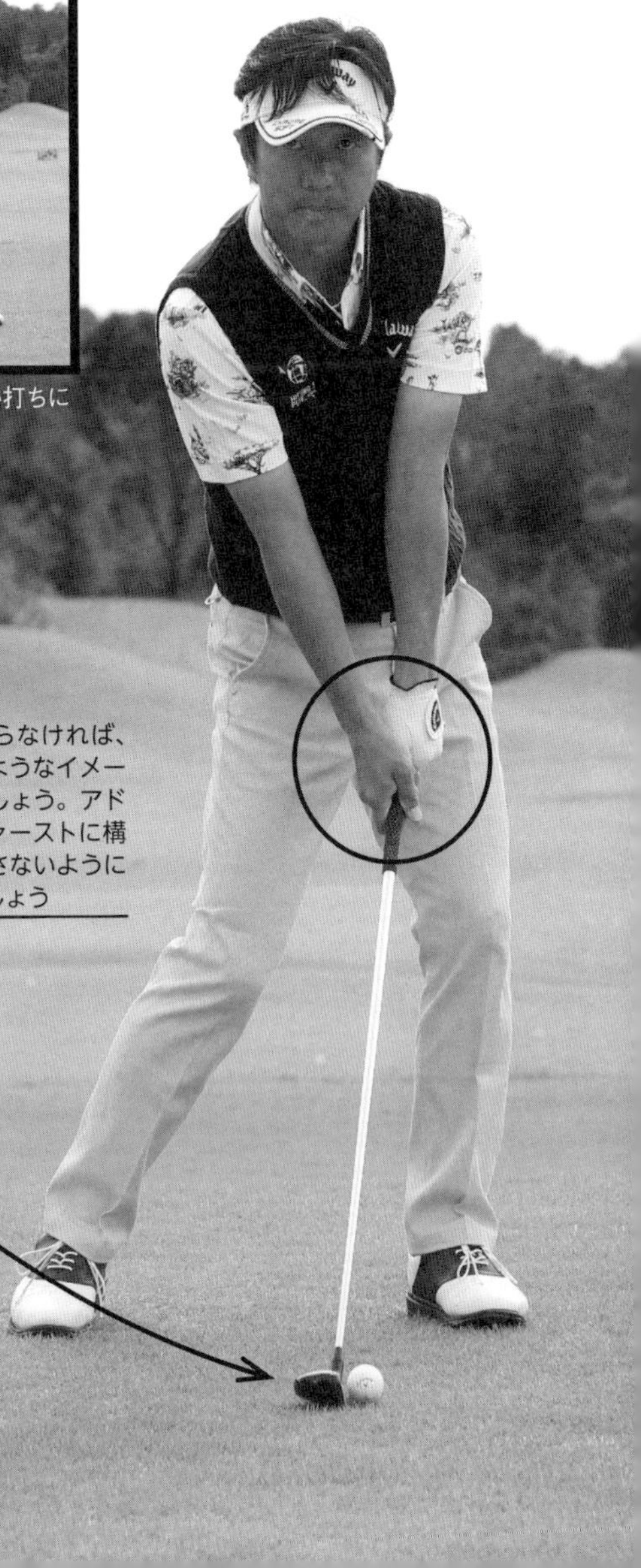

Point すくい打ちが直らなければ、上から打ち込むようなイメージで振ってみましょう。アドレスでハンドファーストに構え、その形を崩さないように振るのもいいでしょう

Fairway wood Shot

FWショット 3番ウッド

スイングの過程でボールをとらえるのが理想です

深堀圭一郎の

FW はドライバーのイメージに近いスイング。広いソールを滑らせ、ボールを横から払うように打つ感じです。ボールに合わせにいかず、振り切るのがポイント。↗

UTショット U4/23度

のような弾道の球を打つイメージをもっている感じです

深堀圭一郎の

ＵＴはアイアン寄りのクラブなので、アイアンのイメージで打ちますが、ヘッドを上から入れようとしたり、打ち込む意識はありません。そこよりは、アイアン↗

K's Column 04

自分を褒めることが上達のコツ

ゴルフはメンタルゲームといわれます。確かに、メンタルタフネスが結果を左右する一面はあると思います。僕もプロになってなかなか勝てなかった口なので、技術を磨きながらメンタルトレーニングを受けたこともありました。

その経験からいわせていただくと、メンタル的な処方も有効ですが、やはり自分のスキルで自信をつけることが大切だとわかりました。

もちろんスキルを磨いてもミスは出ます。“ここ一番”でミスしたら、誰もが落ち込むでしょう。そんなとき、物事をネガティブにとらえないことがメンタルタフネスだと学びました。

僕はあるときから、できたことで自分を褒めていくようにしました。もちろんミスをしたら反省し、それをカバーする練習はしますが、それ以上に、「このスイングができた！」とか、「思い通りのパットが打てた！」という気持ちを大事にしたのです。

悪いときに自分を立て直すには、悪いところに固執せず、いいところを探すことに特化する。減点法ではなく加点法で考えたほうが絶対にプラスになります。

第5章

〔40歳からの楽しみ！〕

スコアメイクの鍵を握る ウエッジの組み立て

Wedge

Wedge 01

サンドウエッジはロフト56度を軸に組み立てる

サンドウエッジをアプローチで用いるクラブの中心に据えておられる方が多いと思います。でも、サンドウエッジは時代の流れで大きく変わります。溝の形状や深さ、ヘッドの重量など、これまでも随分と変更を重ねているので選ぶ際には注意が必要です。

その前提でまず気にしてほしいのはフェースプログレッション。構えたときにリーディングエッジが出ているか引っ込んでいるかです。前者は出っ歯、後者はオフセットといったほうがわかりやすいかもしれません。

日本の芝はオフセットのほうが打ちやすいといえます。出っ歯は芝に沈んだボールに対して早めにコンタクトするための仕様。ベントをはじめとする洋芝に向いています。日本のコースの場合、グリーンは洋芝でもフェアウェイはまだ圧倒的にコーライ芝が多いので、出っ歯はつっかかりやすい。ウエッジによってはリーディングエッジが2ミリくらい出ているものもあるので、よくチャックリが出る方は、これが原因になっていることも考えられます。

ただし、アイアンが得意な方の中には、出っ歯が合う方もいます。そんな方はアイアンセット自体がその流れなので、ウエッジも出っ歯でいい。シャフトのはいり方に対するボールポジションには好き嫌いがあるので、パッと見たときに構えにくさを感じないことが大切です。

構えにくいと自分からアドレスで構えやすいポジションを作りにいきます。するとだんだん体がズレてくる。打つ前にできることを組み立てておけば、これを防いで打ちやすくできます。ショートゲームが生命線と考えるなら、芝が生え揃わずペタッとしている春先は出っ歯、夏はオフセットと、季節によってウエッジを使い分けてもいいでしょう。

次に気をつけるのはロフト角で、僕なら56度をおすすめします。これまでは話題先行で58度、60度と出てきましたが、アプローチを安定させるなら56度を中心に組み立てるのがいい。56度のピッチ&ランをベースに、高い球を打ちたければフェースを開いて左を向き、同じ打ち方をするのが簡単でミスが少ないと思います。

58度や60度は明らかにフェースが開いています。そのためアドレスでフェースをかぶせたり、ボールの下を抜けるのを嫌がってボールにぶつけに行きやすい。また、うまく打てても飛びません。ちなみに僕の58度のフルショットは90～95ヤードで100ヤードは飛ばない。普通のライで飛ばそうと思ったら大きく振らなければなりませんが、アマチュアの方はトップのリスクが高まりますし、ラフからだと下を抜けてショートする確率も高まります。60度にいたっては、ボールを上げないと止められないポテトチップスのようなグリーン対策として作られたウエッジ。アンジュレーションが大きくて速いグリーンならいざしらず、アマチュアの方が普段プレーされるグリーンでは必要ありません。

これらに比べると、56度はフェースが立っている感じがありますから、ボールの後ろから当てればいいだけ。入射角が安定します。よく「アプローチはパターと同じように打つ」と教える人がいますが、ロフトが58度以上あるサンドウエッジでは難しい。でも56度ならそれが容易にできます。僕も58度でポッコン（フェースの上の部分に当たって飛ばない現象）が出てずっと悩んでいたとき、トーナメント期間中にもかかわらず56度を投入したことがありますが、何の問題もなく打てました。

56度はバンカーでも十分に使えますが、楽に出すには10度以上バンスがついているといいでしょう。構成としては52度と56度を入れ、クラブのトータル本数が14本に満たないようなら、恐ろしくアゴの高いバンカーや、どうしてもロブショットじゃないとダメなときのために58度や60度を入れればいいと思います。

Point

アプローチはウエッジによって差が出やすいジャンルです。一般的に日本の芝はオフセットのほうがボールをつかまえやすい。サンドウエッジのロフトは 56 度で 10 度以上バンスがついたものがいいでしょう

Wedge 02

クラブを短く持ち、ライがよければオープンに立つ

ここではまず、アプローチの基本となるサンドウエッジのピッチ&ランについてお話しします。僕のロフトは58度ですが、アプローチの組み立ては変わりません。

僕の場合、クラブをアイアンと同じか、**さらに指1本（つごう指2本分）短く持ちます。**このほうがクラブを操作しやすいからです。グリッププレッシャーもアイアン同様か、それよりちょっと柔らかめ。ヘッドの重さを感じられる程度がベストです。

スタンス幅は狭くてＯＫ。両足を揃えて構える方もおられますが、僕は**両足が肩幅内に収まるくらいの範囲でわずかに開きます。**ボールと目標を結ぶラインに対してスクエアに構えるのが基本ですが、ライがよければ、スタンスだけ少しオープンにしてもいい。体が左に回りやすくなります。悪いライの中には、多少ヘッドを上から入れたほうがいいケースがありますが、その場合はスクエアに構えたほうが、ヘッドが上からはいりやすくなります。アドレス時の体重配分は５：５から６：４のやや左足体重。フェースを目標に向ければピッチ&ランのアドレスは完成です。

短く持つとクラブが扱いやすい

Point

スクエアアドレスが基本ですが、ライがよければスタンスだけ少しオープンにしてもOKです。フェースを目標に向けます

Wedge 03

アドレスしたときにインパクトの形を作っておく

アプローチのアドレスでは必ずイメージしておいていただきたいことがあります。それはインパクトです。

アプローチは動きが小さく、ドライバーやアイアンのように大きな体重移動もありません。そのためアドレスとインパクトで、手の位置や体の向きがほぼ同じになります。ショットでも「インパクトでアドレスを再現する」といいますが、実際にはそうなりません。あくまでイメージなので、このアドバイスが役に立つ方とそうでない方がおられます。それに比べると、アプローチでは双方がほぼ同じになるので、このイメージが役立ちます。

ですから、**アドレスしたときに一度インパクトの形を作っておき、そこに戻すように組み立てるとミスしづらくなります**。僕の場合でいえば、左手が太モモの前あたりにきて、両ヒザがやや左に送られ、若干左足体重になった状態でしょうか。

でも、形を意識しすぎると動けなくなるので、打つときはリズムを重視します。リズムよく打てれば、結果的にインパクトがアドレスのポジションに戻ります。

Point 動きが小さく体重移動もあまりないので、アドレスしたときに一度インパクトの形を作っておき、そこに戻すようにスイングしましょう

アドレス ＝ インパクト

Wedge 04

多少ダフってもいいつもりで打ったほうがうまくいく

誰しも悪いライからのアプローチでミスをしたことがあると思います。また、花道からのアプローチでチャックリ、という経験もあるでしょう。いずれの場合も原因は同じ。前者はちゃんと当たるか不安で、後者は大事に打とうとして当てに行った。ボールをクリーンに打とうとしてチャックリやトップになるわけです。こうなる方の多くは、ロフトを立て、リーディングエッジを地面にぴったり着けてアドレスしています。

そもそもウエッジ、とくにサンドウエッジは、多少ダフっても大きなミスにならないように作られています。ソール部分にバンスという出っ張りをつけて、クラブが芝に刺さらないようになっているのです。前述のように構えるとこの機能が生かせません。両足の真ん中に置いたボールに対してロフト通りにソールしたら、**ダフってもいいつもりで打ったほうがうまくいく**。多少ライが悪くてもグリーンに乗せることができます。

プロはロフトを立ててヘッドを上から入れますが、これは速いグリーンでボールを止めるのにスピンをかける組み立て。通常のグリーンなら、このような組み立ては不要です。

Point

普通に打つなら、両足の真ん中に置いたボールに対してロフト通りにソール。ダフってもいいつもりで打ったほうがうまくいきます

Wedge 05

振り幅＋ボールの飛び方と転がり方で距離感を出す

アプローチでは振り幅で距離感を出します。距離が長ければ振り幅を大きくするわけですが、アマチュアの方は振り幅が大きいほどスイングが乱れてミスが出やすくなります。これを防ぐには、自分が正確にスイングできる振り幅を把握し、それより大きく振らなければならない距離ではクラブを替えることです。たとえば、振り幅は右腰から左腰の高さまでをマックスと決め、その振り幅で届かない距離なら番手を上げるわけです。

しかし、実戦だと振り幅をコントロールしただけでは距離感は合いません。ボールが落ちてから転がるスピードが一定ではないからです。これについては普段の練習やラウンド経験が大切。ただ打つのではなく、「こう打ったら、こう飛んで、このくらいのスピードで転がった」ということを確認する。あるいは**打つ前にボールの飛び方や転がるスピードをイメージして、打つ前にアプローチを組み立てておくことです。**

アプローチの上達には、次から次へと連続してボールを打つ練習が有効で僕もよくやりますが、それと並行してやっていけば、リズム感が出て距離感も合ってくると思います。

Point

腰から腰のスイングをマックスと決め、その振り幅で届かない距離だったら番手を上げる。こうすると極端なオーバーやショートを防げます

Wedge 06

平らな花道からのアプローチは転がしで組み立てる

アプローチでもっとも乗せやすいのは平らな花道。誰もが認めることだと思いますが、確実に寄る確率となると意外に低い。グリーンに乗らないことさえあると思います。その理由は、やさしい状況にそぐわない難しい組み立て方をするからです。

この状況で絶対にグリーンに乗せなければならないとしたら、誰もがパターを使うでしょう。つまりボールを転がして乗せるわけです。パターで打ち切れないなら、別のクラブで転がせばいいのですが、多くの方はなぜか〝転がし〟の発想が抜け落ちてしまいます。

転がすのは簡単です。ピッチ&ランのアドレスからボールの位置を右足の前に変えてハンドファーストの構えを作り、インパクトでアドレスを再現するだけです。ハンドファーストで打つのが怖ければ、番手を上げ、クラブを短く持って打てばいい。ソールの広いフェアウェイウッドを使えばダフるリスクも軽減されます。

転がしで狙える状況は、そこから3打以下で上がるチャンスです。せっかくのチャンスを潰さないためには確実に乗せること。**その最善の方法が転がしなのです。**

Point ボールの位置を右足の前にしてハンドファーストに構え、インパクトでアドレスを再現すれば転がして寄せられます

Wedge 07

ロブショットは打ったあとフェースが自分を向くように振る

アプローチではボールを高く上げなければならない状況にも遭遇します。池越えやバンカー越えはその代表。プロの世界では、スピンがかからないラフからのアプローチでグリーンにボールを止める方策として高い球を打つこともあります。いわゆるロブショットですが、これも基本的にはアドレスを変えるだけで対応できます。

まずボールの位置を左に寄せる。僕の場合、左カカト延長線上をひとつの目安としています。ボールが左に寄ると、ややハンドレート、自分から見てクラブヘッドがグリップよりやや左にくる形になります。インパクトでアドレスを再現するのはここでも同じで、この位置関係を崩さないように打ちます。ボールを上げようとすると体が起きてトップ、慎重になりすぎるとインパクトがゆるむので、上げようとせずにリズムよく振る。**打ったあとフェースが自分を向くように振るとうまく上がります。**

また、インパクト後に左ヒジを体のワキに抜き、フォローでフェースを開いたままにすると、ランが極端に出ない柔らかいロブショットになります。

体重は左右均等か気持ち右体重

Point ボールを左に寄せて、ややハンドレートの構えを作ったら、インパクトでアドレスを再現します。手を前に出さないように気をつけてください

Wedge 08

バンカーショット①・アドレス

左足を埋め、左サイドに軸を作っておく

バンカーショットでは、基本的にフェースを開いて構えます。アゴが低ければ開かなくてもいいですが、高い場合は開きます。その場合はクラブヘッドを右に回して開くのではなく、フェースを開いてからグリップしてください。

フェースはターゲットに向けます。こうすると必然的にオープンスタンスで構えることになります。そのせいもあって、ボールの位置は左に寄り、ハンドレートの形になります。

ここまでの各部の向きをチェックすると、フェースはターゲット、スタンスおよび肩のラインはターゲットの左を向くことになります。

フェースを開かない場合でもフェースはターゲットに向けますが、スタンスや肩のラインはスクエアでOK。スタンスを広めにして、どっしり構えてください。

さらにヘッドを上から入れたいので、左足に体重をかけます。**スイング中は基本的に体重移動をしませんから、左足を砂に埋め、ここを軸と考える。体が軽く左に傾いた形を最後までキープしましょう。**フェースを開かず、スクエアに構えた場合も同様です。

Point 開いたフェースをターゲットに向けてオープンスタンスで構えます。肩の向きはターゲットよりも左になります

ボールを高く上げたいときほどフェースを開きます

左足に体重をかけて砂に埋め、ここを軸にします

Wedge 09

バンカーショット②・スイング

ヒール側から砂に入れ思い切って振り抜く

バンカーショットはわざとダフらせるショットとお考えの方がいますが、それは間違い。明らかなミスのダフりとは別物で、手前からスピンをかけて止めるための特殊なショットと理解してください。

その証拠に、ダフりはヘッドが下からはいって上に抜けますが、バンカーショットは上から入れて砂を爆発させる。エクスプロージョンといわれる所以です。

ただ、インパクトでヘッドが刺さってしまうと砂が爆発しません。そのためソールにバンスという出っ張りをもたせて砂に潜り込まないようにしているわけです。

バンカーショットが苦手な方は、バンスを使えずリーディングエッジから入れているか、スイングでボールを上げようとしているかのどちらか。前者は**ヘッドのヒール側から入れるようにすること**、後者は**左足に体重の乗せ、そこを軸と考えて最後まで振り切ること**で解決できます。ボールとフェースの間に砂が介在して飛びませんから、思い切って振っても大丈夫。多少打ち過ぎても、出ればＯＫと考えてゆるまないようにスイングしましょう。

Point
フェースを開くことでバンスを使えます。ここで砂を叩くように振れば簡単に脱出できます
バンスを使う！

Bunker Shot

バンカーショット

軸にして最後まで振り切るのがポイント。砂の抵抗でボールが飛びませんから、思い切って振っても大丈夫です

深堀圭一郎の

ソールにある出っぱり（バンス）を使って打つ。フェースを開くとバンスが使えます。スイングではヘッドのヒール側から砂に入れるように振りますが、左足を↗

Wedge 10

バンカーショット③ 目玉のバンカー・アドレス

ヘッドが鋭角的にはいる構えを作る

ボールが砂に埋まった目玉のバンカーでは、球筋や距離をコントロールできません。目ざすは1も2もなく脱出すること。バンカーから出れば大成功です。

まずアドレスですが、ボールの位置は左右センター。スタンスをやや広めにとって下半身をどっしりさせ、ターゲットに対してスクエアに立ちます。

ヘッドを砂に深く入れなければならないので、フェースをかぶせてリーディングエッジを下に向ける。フェースの向きはターゲットか、それより少し左を向くくらいでも構いません。

これができたら左足に体重を乗せます。**スイングではヘッドを上から鋭角的に入れたいので、7：3くらいの割合で左体重にする。**

僕のアドレスを見ていただくとわかりますが、かなり体が左に傾いています。これでアドレスは完成。体重バランスや体の傾きはインパクトでも変わらないので、始動前にインパクトをイメージしておくといいでしょう。

フェースをかぶせてリーディングエッジを下に向けます

Point ボールの位置は左右センター。スタンスをやや広めにとって下半身をどっしりさせ、ターゲットに対してスクエアに立ちます。体重は7：3で左足に

Wedge 11

バンカーショット④ 目玉のバンカー・スイング
早めのコックで上からドッスン！

目玉のバンカーで不可欠なのは思い切りです。砂に叩き込むように上からヘッドを入れ、深く潜ったボールをかき出すようなイメージをもってください。

とはいえ、基本的にはアドレスでヘッドが鋭角的にはいるように組み立ててありますから、余計なアクションはしないこと。特に、左に体重が乗った下半身を積極的に動かす必要はありません。

その前提でスイングのポイントを挙げるならふたつ。ひとつは**テークバックで早めにコックを入れる。**スイングの始動時に両手首を親指側に折り、クラブを立てるようにします。コックを早めに入れることで、ダウンスイングでヘッドが鋭角的に、スピーディーにはいってくるので勢いよく打ち込めます。

もうひとつは**フォローを意識しないこと。**ヘッドを砂に深く打ち込みますから、フィニッシュはもちろん大きなフォローもとれません。極端にいえば、インパクトで終わりでいいくらい。砂をたくさん飛ばすつもりでしっかり打ち込みましょう。

テークバック
テークバックで早めにコックを入れてヘッドを上に動かす
Point

ダウンスイング
ダウンスイングではヘッドが鋭角的にはいってきます
Point

インパクト
Point
フォローを意識せずドッスンと入れ砂をたくさん飛ばします

K's Column 05

スコアの良し悪しはグリーンで決まる

僕らプロがトーナメントで戦う際に一番の問題となるのは、どうやって打ったボールを落としたところに止めるか。これにはテクニックとグリーンコンディションのふたつの要素が影響します。

テクニックとはおもにスピンコントロール。グリーンを狙うショットは、ヘッドを上から入れるとスピンがかかりやすいのですが、グリーンが柔らかいとスピンが効きすぎた状態になり、落下地点から大きく戻ってしまいます。

アマチュアの方はこのバックスピンに憧れますが、ピンから離れてしまっては意味がありません。ですからグリーンが柔らかいときは、番手を上げて回転の少ないボールを打ち、スピンを減らすことがあります。

しかし、これとて簡単ではありませんから、やはり柔らかすぎるグリーンは攻めづらい。プロにとっていいスコアが出やすいのは、打ったところの1メートル以内にボールが止まるグリーンです。これくらいの固さだと、ラインも読みやすいのでパットのタッチも合ってくる。グリーン次第でスコアはいかようにも変わるのです。

第6章

〔40歳からの生命線！〕

2パットが普通になるパターの組み立て

Putter

Putter 01

ショットの半分くらいの強さでグリップする

グリーン上は年齢や性別に関係なく、すべてのゴルファーが対等に渡り合えるステージ。キャリアが長いということは経験を積んでいるということ。悩みがあっても絶対的なアドバンテージがあるわけですから、どんなパットでも自信をもって臨むべきです。この考えを前提に、この章では僕のパットの組み立て方についてお話しします。

まずグリップですが、いうまでもなく、どんな握り方でも構いません。自分の「こう打ちたい」を実現できる握り方がベスト。プロの真似をするのもいいですが、創意工夫して作るのも楽しい。それで望み通りにいけば一生ものになるかもしれません。

僕のポイントはふたつで、**両手に一体感をもたせること**と、**柔らかく握ること**。パットでも左右の手にそれぞれの役割があります。左手は方向性、右手は距離感を出します。一体感なくどちらかが強く出ると両者のバランスがとれなくなります。

柔らかく握るのは一体感を出すためでもあります。**握る強さはショットのグリップの半分くらい**。強く握るとストロークのスピードやインパクトの強さがまちまちになります。

Point

「こう打ちたい」を実現できるグリップがベスト。両手に一体感をもたすことと、柔らかく握ることがポイントです

Putter 02

利き目でボールを見てハンドファーストに構える

アドレスも人それぞれで結構ですが、参考までに僕の構え方を紹介しておきます。まず重心を体の真ん中に意識して、両足に均等に体重をかけて立ちます。スタンス幅は肩幅とほぼ同じで、左カカトの延長線上にボールがくるようにします。僕は利き目が左なので、左目でボールを見るようにしているのです。

ただし、左目の真下にボールがあると、体とボールが近づきすぎる感じになるので、前後に関してはちょっとだけボールが前に出ているかもしれません。これはパターのライ角にも関係してくることですが、その日によって変わることもよくあります。

構えるときに肩をいからせないことも心がけています。肩から脱力して、両腕を真下にダランと垂らす。そこでグリップできるように、パターの長さやライ角を調整しています。

こうしてセットアップしたら、左手を目標方向に少し押し出して、ややハンドファーストにする。これでアドレスは完了です。形はおのおの違っても、いつも同じように構えることは絶対条件。**完成までの動きをルーティン化すると容易に組み立てられます。**

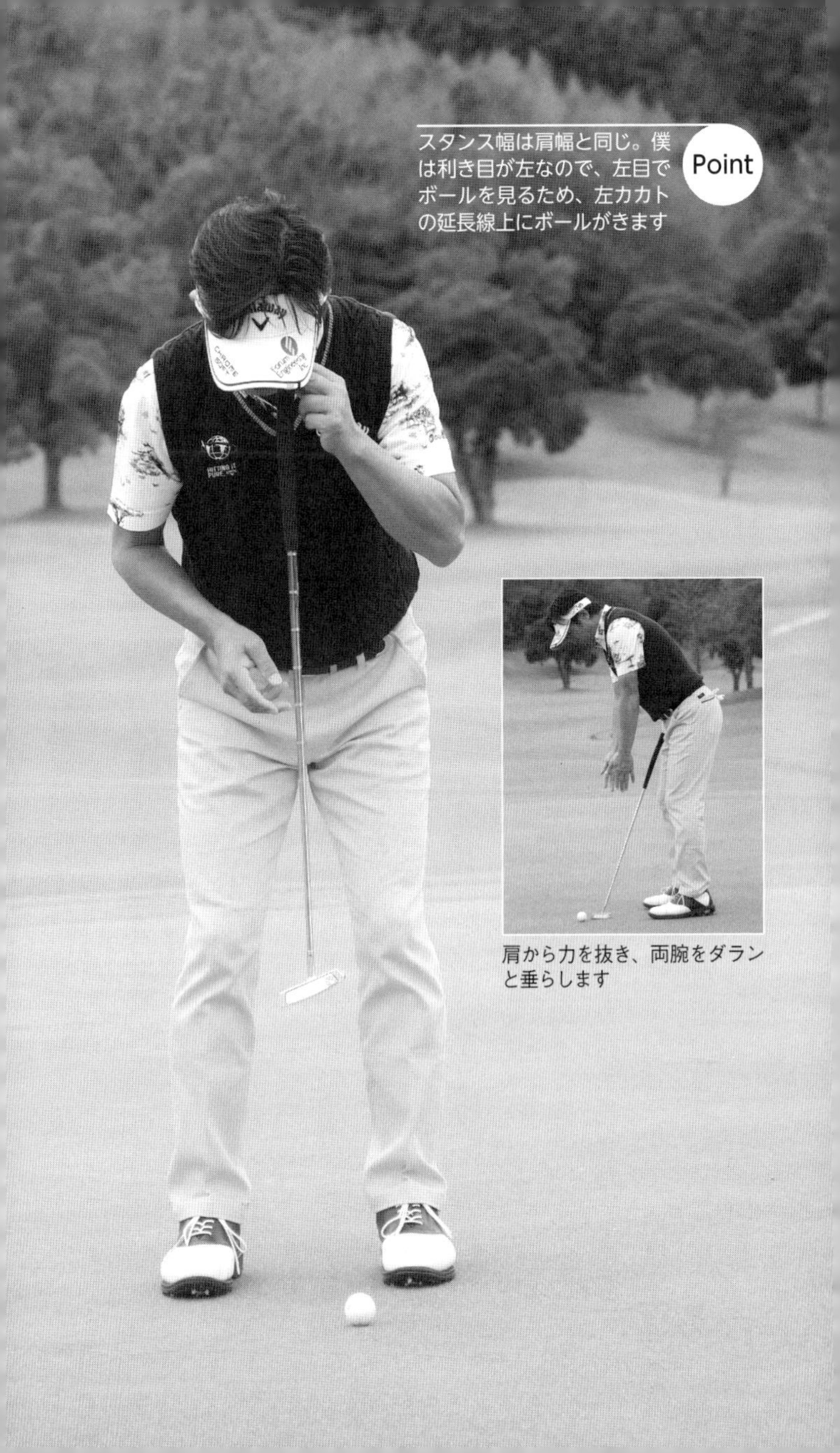

Point

スタンス幅は肩幅と同じ。僕は利き目が左なので、左目でボールを見るため、左カカトの延長線上にボールがきます

肩から力を抜き、両腕をダランと垂らします

Putter 03

距離感は感覚＋マニュアルでベストな合わせ方を見つける

パットで一番大切なのは距離感です。**距離感が安定すれば3パットは確実に減ります。**また、カップに向かっていくわけですから、カップインする確率も高くなります。

距離感を身につけるには練習が必要ですが、「練習してもダメ」という方がいるかもしれません。そんな方には、もっと自分の感覚に頼って組み立てることをおすすめします。

もともとすべての人には、自分の距離感があります。目標を決めてボールを投げると、大抵は目標の近くに投げられます。これは目からの情報が脳に伝わり、筋肉に指令が行って適切な動きをする。この機能が誰にも備わっているから。ならば、それに頼ればいい。思ったところに行かない方は、投げる練習をするだけでも距離感がよくなるはずです。

この感覚に、ストローク幅を決めるなど、マニュアル的に距離を合わせる方法をミックスして、ベストの打ち方を見つければいい。ターゲットだけ見て素振りをし、その振り幅を覚えて打つ、というようにです。それでも合わなければ、なにかが邪魔をしている。ゴルフの場合は道具がひとつの要因になるので、パターを見直すのもいいでしょう。

Point

ターゲットだけ見て素振りをし、その振り幅を覚えて打つ、など、自分の感覚とマニュアル的な手法をミックスすると距離感が合ってくると思います

Putter 04

「1、2」のリズムで左右対称にゆっくりストローク

僕のパットのリズムは「1、2」。「1」でテークバックしてトップへ、「2」でインパクトしてフィニッシュまで。すべてのパットをこのリズムで組み立てます。

言葉で「1、2」と説明しても、リズムは人それぞれ違いますから、僕のリズムを真似する必要はありません。**大切なのは、振り幅が大きいパットも小さいパットも、同じリズムで打つこと。**そうすれば、振り幅の大きさで自動的にヘッドスピードがコントロールされますから、振り幅と距離のバランスが合ってきます。

振り幅は左右対称。自分の感覚的にはゆっくり「柔らかく」打っています。「パチン！」とボールを弾くのではなく、ボールを押し出してラインに乗せるイメージです。

アマチュアの方の中には、ロングパットでも小さな振り幅で「パチン！」と強く打ったり、ショートパットですごくリズムがゆっくりになる方がおられます。もちろん、それで思い通りのパットが打てれば問題ありませんが、打ち方としては難しいし、毎回変わるグリーンのコンディションに対応しづらいと思います。

Point

「1」でテークバックしてヘッドをトップに運び、「2」でインパクトしてフィニッシュまで。距離やラインが変わっても、つねにこのリズムでストロークします

ボールを追うとリズムよく振れません

Putter 05

人さし指と親指は軽くつけておくだけ

パットは手先を使わず、上体のターンで打ちたい。「肩の回転で打つ」、「体幹を使って打つ」など表現はいろいろですが、意味していることは同じで、**手先を使わず、大きな筋肉を使って打ちたいということです。**パットは手だけでも打てますが、それをやるとインパクトでフェースの向きが変わったり、インパクトの強さがまちまちになり、方向性、距離感ともに合いづらい。だから大きな筋肉を使いたいのです。

手を使うということは、手に力がはいっているということです。使わないようにするには力を抜かなければなりません。「パターヘッドの重みを感じるように持つ」といわれるのはそのため。柔らかく持てば手は使えません。

どれくらいのプレッシャーを柔らかいと感じるかは人によって違いますが、僕は両手の人さし指と親指をグリップに押し付けず、軽くつけておくことを目安にしています。この2本指から力が抜けると、腕の前側の筋肉が固くなりません。腕から肩にかけて力が抜けて、ヘッドの重みを感じながらストロークできるのです。

Point

パターヘッドの重みを感じるように持つ目安は、両手の人さし指と親指をグリップに押し付けず、軽くつけておくことです

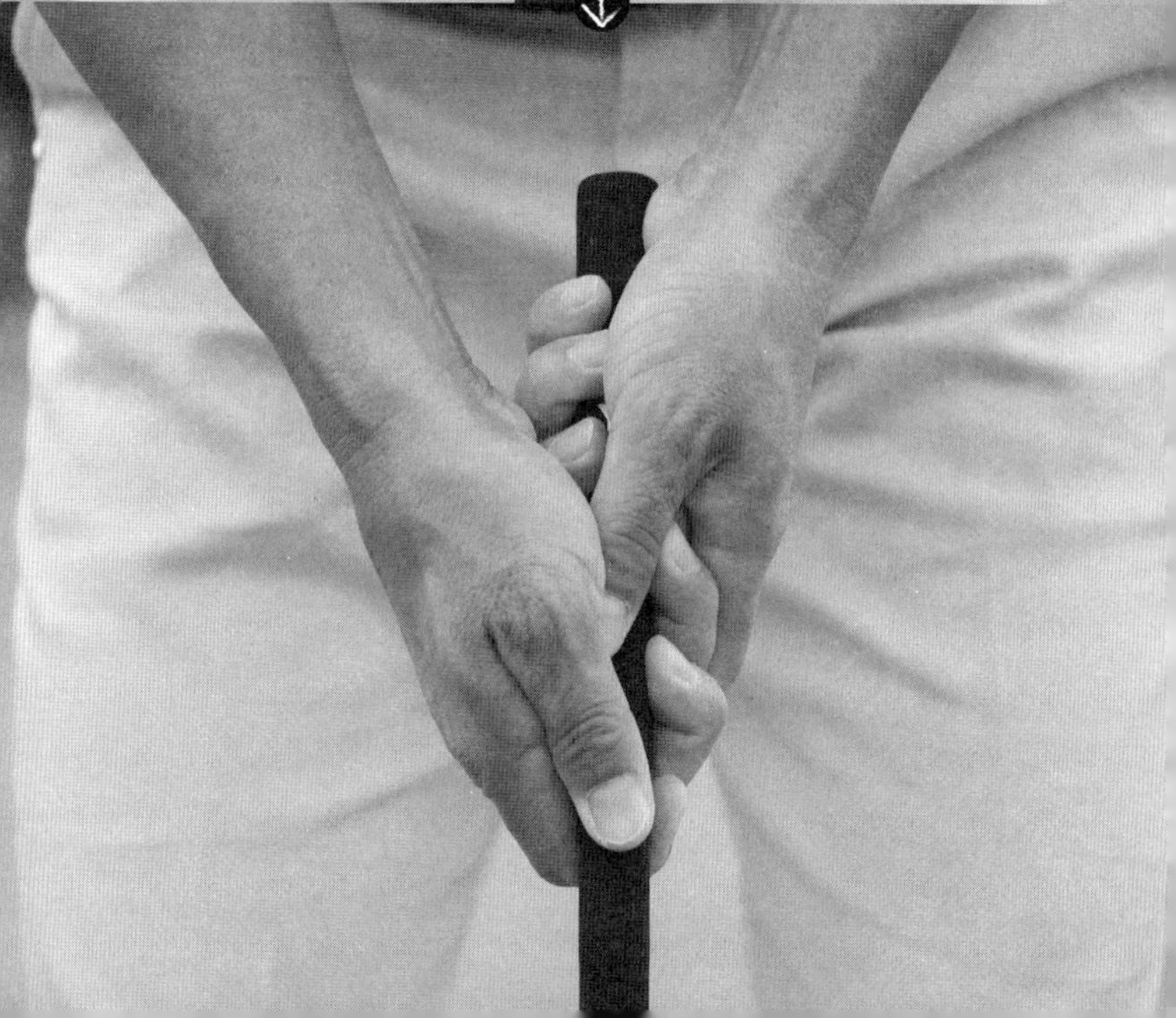

Putter 06

左手をウィークに握るとフェースの向きが変わらない

パットでは距離感の次に方向性が大切。僕は方向を違わないために、ボールの転がるラインを想定し、ボールの先のライン上に目印を設定。そこに向かって真っすぐヘッドを出すようにストロークしています。ただ、目印上にボールを通しても、その先で曲がる可能性があります。ですから目印を見つけるときは、ボールからカップだけでなく、カップインしたボールが戻ってくるラインもイメージしてパットを組み立てます。

狙ったところを通すにはフェースの向きが変わらないようにしなければなりません。それには左手のひらが見える感じで、左手だけをウィークに握ります。こうすると左手首が固定されて勝手に動かないので、真っすぐ上げて真っすぐ出すストロークができます。さらに右手の甲の角度を保つようにすれば、フェースの向きはより安定します。

パットでヘッドを真っすぐ上げて真っすぐ出すことができたら、ゴルフの組み立てはすごく楽になります。そういう意味では、ゴルフはパットで作れるといっても過言ではありません。パットで自信がつくと、狙える幅が広がって打つのが怖くなくなりますから。

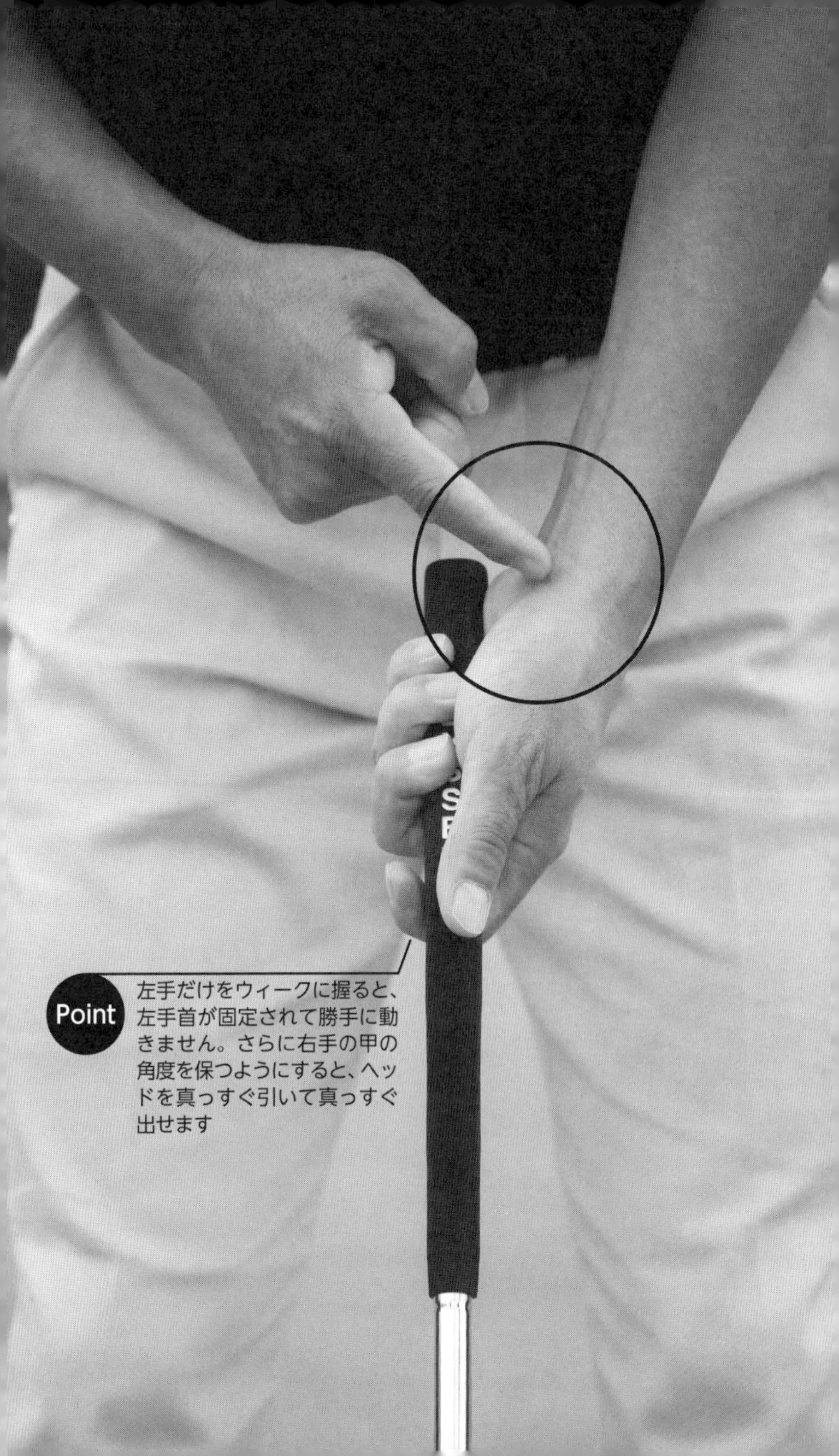
Point
左手だけをウィークに握ると、左手首が固定されて勝手に動きません。さらに右手の甲の角度を保つようにすると、ヘッドを真っすぐ引いて真っすぐ出せます

Putter 07

パットを安定させるドリル

右手1本、左手1本で振る

パットの基本を組み立てたところで、距離感、方向性をともに安定させるドリルと、ミスを減らすドリルを紹介しておきます。

まずパットをトータル的に安定させるドリルですが、これは右手1本、左手1本でボールを打ちます。ポイントは手先を使わないこと。手首を使わないといってもいいでしょう。

176ページでお話ししたように、ストロークを安定させるには、上体の大きな筋肉を使って動くことが大事。右手1本でも左手1本でも、打とうと思えば手先で打ててしまうのですが、あえてそれをせず、体を使って打つようにします。

それには**右手で打つときは右ワキ、左手で打つときは左ワキを、動きづらくならない程度にしめ、何回も同じストロークできる、あるいは狙ったところに打てるようになることです。**とはいえ、これはあくまでドリルです。実戦では右手で打とうとか、左手で打とうとか意識する必要はありません。ドリルとしてやっておくことで両手が自然に一体化し、体を使ってストロークできるようになります。

左手１本
右手１本
Point
右手で打つときは右ワキ、左手で打つときは左ワキを適度にしめて体でストロークすると再現性が高まります
Callaway
Callaway

Putter
08

ヘッドアップ矯正ドリル

右目をとじる&ティをくわえて打つ

アマチュアゴルファーがパットでミスをする一番の原因はヘッドアップです。ボールの行方を気にして頭が上がる、あるいはストロークと同時に体が左に流れ、上体が起きる動きもヘッドアップを招きます。

傾向的には、ボールを右目で見る人と右手で打っている人、その両方をやっている人がヘッドアップしやすいようです。右目で見ると、アドレスの時点で、すでに若干カップ方向を見る形になります。右目でボールを追えば即ヘッドアップです。また、右手で打つとどうしてもヘッドの軌道がアッパー気味になるのでヘッドアップしやすくなります。

これを防ぐには**右目をとじて、左目で見て打つこと。**打ったあと、頭を上げなくてもボールが見えますからヘッドアップしづらくなります。さらに、**アドレスで口にティをくわえ、ティをボールに向けたまま打つドリルも効果的です。**

なお、右手が強いと感じる方は、前項で紹介した片手で打つドリルを併用してください。ヘッドアップがなくなり、ストロークが安定してきます。

Point

ティを口にくわえ、ボールに向けたまま打つとヘッドアップがなくなります

左目だけで見て打つと、頭を上げなくてもボールが見えるのでヘッドアップしづらくなります

Putter 09

ロングパットとショートパット

ショートパットはカップインの練習を積む

僕の中では10メートル以上がロングパット、2メートル以下がショートパットという位置づけなので、その前提で組み立てます。

まず**ロングパットですが、目標はカップから2メートル以内。**つねにその気持ちで打てるようになるのが第一です。オーバー、ショートを繰り返すのはインパクトの強さがまちまちだから。通常のグリーンなら、同じ距離を連続して打てばストロークが安定し、距離感が合ってきますから、繰り返し打ってストロークと距離の関係を把握するのがもっとも確実。特にラウンド前の練習では必ずこれを行い、距離感を合わせておきましょう。

ロングパットは距離を合わせればOKですが、**ショートパットはカップインさせるイメージが必要です。**僕は2メートルくらいのパターマットの上で、ヘッドを真っすぐ上げて、真っすぐ打ち出す練習をひたすらしてきました。ショートパットに自信がもてれば、グリーンを外しても2メートル以内に寄ればいいと考えられます。30センチに寄せなきゃ、と思うのとは大きな違いです。

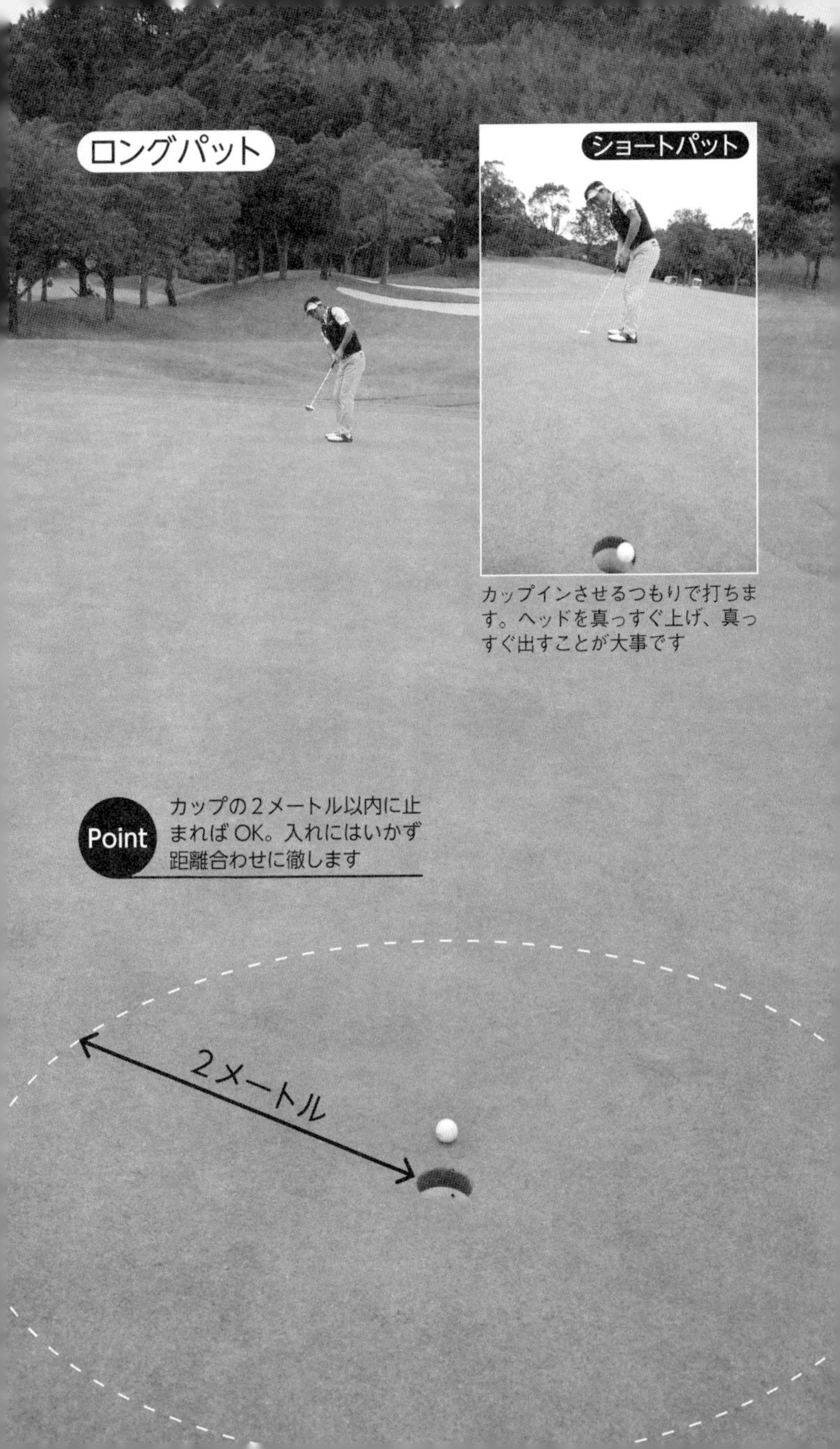

カップインさせるつもりで打ちます。ヘッドを真っすぐ上げ、真っすぐ出すことが大事です

Point カップの2メートル以内に止まればOK。入れにはいかず距離合わせに徹します

Putter 10

上りのパットと下りのパット

ボールとフェース、双方の中心同士をぶつける

上りのパットはしっかり打つこと。下りはラインに乗せるのがポイントです。基本的に順回転していればボールは真っすぐ転がるはずですから、インパクトの強さではなく、振り幅の大きさを変えて打ったほうがいいと思います。

というのも、インパクトの強さを変えるとフェースが開いたりかぶったりしやすいから。こうなるとボールに不規則な回転がかかって推進力が得られません。もちろん、極端な上りのロングパットになれば「パチン！」と打つことはありますが、あくまでもレアケース。通常の上りのラインやグリーンが重い、といった状況なら、点でヒットするよりストローク幅をできるだけ使って真っすぐ打てるようにするべきです。

打つときに僕が意識するのは、**ボールとフェース、双方の中心同士をぶつけるようにすること**。このイメージ通りにインパクトできると、上りでもしっかり転がってくれますし、スパイクマークがあってもボールがヨレません。最悪なのはボールの下の部分を打つこと。こうならないようにだけ心がけて、上りの真っすぐと下りの真っすぐを組み立てましょう。

下りのパット
Point
ラインに乗せるのがポイント。カップに向かって押し出すイメージで打ちます

上りのパット
Point
しっかり打つことが大事。インパクトを強く入れず大きな振り幅で打ちます

Putter 11

スライスラインとフックライン

苦手なラインでは「スパット設定」を忘れないこと

スライスラインとフックラインは、グリーンを読み、ボールスピードと曲がり方を考えて目標を決め、そこに向かって真っすぐ打ち出します。ボールを打ったらグリーンまかせ。切れ方がカップの幅で収まるとき以外は、カップを外して打つことになります。

その日にもよりますが、僕はフックが好きでスライスが苦手。フックラインは右に打ち出すのでボールの回転上打ちやすいのですが、スライスラインはカップの左に打ち出します。このとき、なかなかボールをつかまえきれない。逆に、つかまりすぎると真っすぐ抜けることがあります。そんな理由でフックラインよりも圧倒的にカップに向かって打ちやすいのです。そのためスライスラインはスパットを設定し、それに対して真っすぐフェースを出す練習を普段から入念に行っています。

どうしてもボールをつかまえきれないときには、ロフトがついたつかまりやすいパターに替えます。かつてはフェースのトゥやヒール側で打つプロがいましたが、いまは少数派。曲がり方は人それぞれですが、目標に真っすぐ打つのがもっとも安全だと思います。

Point ラインを読んだらボールスピードと曲がり方を考えて打ち出す目標を決めます。そこに向かって真っすぐ打ち出し、あとはグリーンにまかせています

おわりに

僕はこれまでに、ドライバーとパットの両方でイップスにかかったことがあります。ドライバーはプロになる前。1990年から5年くらいの間です。とにかく打てない。恥ずかしいから打ちたくない、ゴルフ場に行きたくない、自分がなにをやっているのか、まったくわからなくなりました。練習場では打てますが、一発だけとなると、打つ方向から迫りくる何かに自分が負けてしまう。その間、僕はずっと3番ウッドを使いました。

イップスを克服したいまも、ドライバーは特殊で難しいクラブだと思います。僕がゴルフを覚えた時代のドライバーは、インパクトでフェースを返してボールをつかまえていたので、ボールがフェースにくっつく感じがありました。いまの3番ウッドのように、ボールの回転をコントロールして飛ばしていたのです。

その後、ドライバーはボールの回転を減らして直進性を高める方向に行きました。当たった瞬間にボールが飛び出すので、振り方も入射角も完全に変わってしまいました。さらに、ボールも反発性が高くなった。こうなると機械のように振ったほうが簡単。上げて振り切るだけでいい。自分からやることはなにもありません。

おわりに

僕らの世代やシニアで活躍しているプレーヤーはいち早くこれをつかみました。道具の進化と本人のゴルフスタイルがうまくマッチした人たちばかりです。他方、石川遼《いしかわりょう》や松山英樹《まつやまひでき》らの若手は、機械になりきるスイングで最初から育っているので対応できている。僕には昔の感覚がどこかに残っていた。その違いがイップスを長引かせたのです。

そう考えると40～50代のアマチュアゴルファーの可能性は無限といってもいいでしょう。いい意味でゴルフをやりすぎていない。戻れないところまで行っていませんから、新しいものも取り入れることができます。最初は違和感を感じても、楽だとわかればすぐに慣れて、どんどん伸びます。それには使えるものはなんでも使ってゴルフを組み立てること。そしてゴルフを難しく考えないことです。新たな組み立て方が、きっとみなさんをバラ色のゴルフライフに導いてくれることでしょう。

最後になりましたが、本書の出版にあたり、ＫＫベストセラーズの武江浩企さん、構成者の岸和也さん、菊池企画の菊池真さんに多大なるご協力をいただきました。さらに、長年にわたり写真を通してゴルフ界、そして深堀圭一郎を支えていただき、昨年、惜しくも他界された撮影者の前田俊二さんに御礼と哀悼の意を捧げ、ご挨拶とさせていただきます。

深堀圭一郎

■著者略歴

深堀圭一郎（ふかぼり・けいいちろう）

フォーラムエンジニアリング所属。

1968年東京都生まれ。11歳でゴルフを始め、明大中野高校2年時に『日本ジュニア』を制覇した。明治大学を経てプロ入り。初シード獲得までは5年を費やしたが、以降は順調にツアーの中核選手へと成長していった。2000、01年の『住建産業オープン広島』では続けて尾崎将司に競り勝った。03年の『日本オープン』では最終日に64で回って5打差を大逆転。初の日本タイトルを手にしている。

長年苦しめられていた左足裏の痛みが悪化してツアーを離脱したのは09年後半。治療に奔走した末に11年には手術に踏み切った。翌12年には『日本プロ』2位などで賞金シードに復帰。そこから4年連続でその座を守っている。15年は『RIZAP KBCオーガスタ』で3日目を終えて1打差2位の好位置。最終日はスコアを伸ばせず復活優勝は成らなかったが3年ぶりのトップ5に入った。07年と10年には選手会長を務めるなどプレー以外でもツアーの発展に尽力している。ツアー8勝。

2009年からGOLF5のイメージキャラクター。

著書に「深堀圭一郎のスイングマスター 見るだけでうまくなる！」（NHK出版DVD＋BOOK）、「深堀圭一郎のゴルフマネジメント」（日本経済新聞出版社）、「実践力がつく！深堀式体幹トレーニング プロゴルファー・深堀圭一郎が教える」（世界文化社）などがある。

40歳《さい》から劇的《げきてき》にスコアを伸《の》ばすゴルフの組《く》み立《た》て方《かた》

二〇一七年五月二十日　初版第一刷発行

著者　深堀圭一郎《ふかぼりけいいちろう》
発行者　栗原武夫
発行所　KKベストセラーズ
東京都豊島区南大塚二丁目二九番七号　〒170-8457
電話 03-5976-9121
http://www.kk-bestsellers.com/
印刷所　錦明印刷株式会社
製本所　株式会社積信堂

■スタッフ
構成／岸 和也
撮影／前田俊二
協力／キャロウェイゴルフ株式会社、キャロウェイアパレル株式会社、
吉岡道人、ザ・カントリークラブ・ジャパン（千葉県）
装丁・本文デザイン／石垣和美（菊池企画）
企画プロデュース・編集／菊池 真

ISBN 978-4-584-13799-4 C0075